Judith Brockmann

FESTE NATUR-KOSMETIK SELBER MACHEN

50 fantastische Rezepte für feste Shampoos, Lotion Bars und Co.

INHALT

100%
HAND
MADE

NATÜRLICHKEIT TRIFFT NACH-HALTIGKEIT

Solid Cosmetics - feste (Natur-)Kosmetik lässt sich heute in allen kosmetischen Bereichen finden. Produkte zur Reinigung, Pflege und zum Verwöhnen von Haut und Haar stehen hier auf dem Programm. Feste Naturkosmetik funktioniert, ist effektiv und hat eine weitaus geringere negative Auswirkung auf die Umwelt als konventionelle Kosmetik, da weniger Ressourcen bei Herstellung und Anwendung verwendet werden.

NACHHALTIG

→ Was verstehen wir eigentlich unter diesem aktuellen Schlagwort? In der Übersetzung des englischen Wortes (to sustain) ist der Ursprung deutlicher: etwas aufrechtzuerhalten. Eine Lebensweise einzuhalten, die auf Dauer die Nutzung von Ressourcen aushält, ohne dass diese geschädigt bzw. verringert werden. Wir müssen ja auch an die Zukunft und die nachfolgenden Generationen denken.

ÖKOLOGISCH

→ Auch die Auswahl von nachwachsenden Rohstoffen für unsere Produkte soll so gestaltet werden, dass unser ökologischer Fußabdruck reduziert wird. Ökologie, ursprünglich die Lehre vom Haushalt, lehrt uns genau das – mit den uns zur Verfügung stehenden Reserven hauszuhalten. Oft ist weniger mehr.

WASSERFREI

→ Feste Kosmetik wird oft als „wasserfreie“ Kosmetik bezeichnet. Damit sind konzentrierte, wasserlose Produkte zur Körper- und Haarpflege gemeint. Meistens enthält herkömmliche Kosmetik jede Menge Wasser. Bei der Herstellung fester Naturkosmetik dagegen haben wir die Möglichkeit, den Wasserverbrauch zu verringern, denn Wasser ist eine lebensnotwendige Ressource, mit der wir schonend umgehen wollen. Wir sparen nicht nur das Wasser im Produkt, sondern auch bei der Herstellung und beim Reinigen des Zubehörs (was spülmaschinengeeignet ist, einfach beim nächsten Spülgang mit dazu geben).

EFFEKTIV

→ Feste Pflegeprodukte kommen mit weniger Zutaten aus, ohne Füllstoffe (Mikroplastik!), meistens ohne Konservierungsmittel und in der Naturkosmetik ohne mineralölbasierte Inhaltsstoffe. Unsere Produkte sind kleine, konzentrierte Kraftpakete. Die Umwelt wird durch das Einsparen von Plastikmüll entlastet.

ZERO WASTE

→ Recycling ist gefragt; statt neu und immer mehr, lieber Altem ein neues Leben geben und dafür weniger kaufen. Herkömmliche Kosmetik hat meistens eine aufwendige, schwer zu recycelnde Verpackung plus Umkarton. Unsere selbst hergestellte Kosmetik dagegen kommt unverpackt oder um-verpackt (durch das Nutzen von schon vorhandener Verpackung, wie zum Beispiel einem leeren Marmeladenglas) daher oder in einer kompostierbaren Papphülse.

NATÜRLICH

→ Naturkosmetik setzt auf pflanzliche Inhaltsstoffe, oft aus biologisch zertifiziertem Anbau. Auf bestimmte synthetische Rohstoffe, vor allem Parabene, Silikone, Mineralöl und dessen Derivate sowie synthetische Duftstoffe und Konservierungsmittel wird verzichtet. Naturkosmetik hilft der Haut, sich selbst zu regulieren. Also ganz ohne Chemie? Das ist unmöglich, denn selbst Wasser und Kochsalz sind chemische Reinstoffe. Es geht hier vielmehr darum, umwelt- und gesundheitsschädliche Inhaltsstoffe zu vermeiden und stattdessen unbedenklichere Stoffe aus der Natur zu verwenden.

DER URSPRUNG

Schon in den 70er- und 80er-Jahren wurde ich animiert, kosmetische Produkte selbst herzustellen. Die Rezepte waren einfach gehalten, aber trotz aller Sorgfalt zeigten sie sich schon nach kurzer Zeit von einer gruseligen Seite: Schimmel, Sporen, Pilze ... Mir war regelrecht der Appetit vergangen.

Jahre später, ich war mit meiner Familie nach Australien ausgewandert, suchte ich nach einer neuen Hautpflegeroutine und stieß auf Vertreiber, die Pflanzenöle, Butter, Wachse und viele andere naturkosmetische Rohstoffe anboten. Der Herstellung von Naturkosmetik wurde eine zweite Chance gegeben. Bei der Informationssuche gelangte ich zum Onlineforum „Rührküche" mit der Mutterseite Olionatura. Ich wurde Mitglied und es mussten natürlich auch die Bücher der Gründerin, Heike Käser, her.

Das Thema Nachhaltigkeit wurde mir mit der Zeit immer wichtiger, besonders der behutsame Umgang mit Wasser. Wie so viele Haushalte in Australien sind wir auf Regenwasser, das in Tanks gesammelt wird, angewiesen, und sehr trockene Winter ließen diese lebensnotwendige Ressource knapp werden. Auch richtete sich die Aufmerksamkeit auf die biologische Abbaubarkeit aller Stoffe, die im Abfluss landen, da wir eine eigene Wasseraufbereitungsanlage haben und dadurch Wasser wieder in den Kreislauf zurückführen.

So wurde das Zeitalter der festen Kosmetik einberufen. Die ersten festen Produkte waren Shampoo Bars mit einfach biologisch abbaubaren Inhaltsstoffen. Im Laufe der Zeit gesellten sich Dusch Bars, Lotion Sticks, Deopuder und einiges mehr dazu. Mittlerweile sind die einzigen Produkte, die noch gekauft werden, Zahnpasta und Geschirrspülmaschinenpulver (da kam leider noch kein selbst gezaubertes Produkt heran).

Fazit: Es ist nicht schwer, nachhaltige, hochwertige Kosmetikprodukte selbst herzustellen. Mit den in diesem Buch vorgestellten Formulierungen kannst du mit wenigen natürlichen Zutaten eine ganze Palette von Reinigungs-, Hautpflege- und Wellnessprodukten herstellen, die gekauften Produkten in nichts nachstehen. Biozutaten, keine oder wiederverwendbare Verpackung, der Verzicht auf Tierversuche, künstliche Duftstoffe, Mineralöl und Palmöl stehen hier im Vordergrund. Du kannst die Initiative ergreifen und mit etwas Hintergrundwissen, das dir hier vermittelt wird, deinen Beitrag zum nachhaltigen Leben leisten.

Altes Handwerk neu entdeckt

Eigentlich sind feste Kosmetikprodukte nichts Neues. Der Ursprung aller Reinigungsmittel, die Seife, geht zurück bis auf die Sumerer (vor ca. 5 000 Jahren) und wurde aus Tierfetten und Holzasche gefertigt. Diese Art der Seife wurde vorwiegend als Heilsalbe verwendet. Später entwickelten auch andere Kulturen ähnliche Seifen, aber erst die Römer verwendeten sie zur Körperreinigung. Im Mittelalter gab es dann sogar eine Zunft der Seifensieder, deren Handwerk sehr angesehen war und deren Rezepte streng geheim gehalten wurden.

Auf Rezeptsuche im digitalen Zeitalter

Wer von uns hatte nicht so ein Stück Seife am Waschbeckenrand liegen? Heute haben wir statt einem Produkt eine große Anzahl im Badezimmer. Shampoos, Duschgel, Handwaschmittel und mehr stehen jetzt herum. Auch die Formulierungen haben sich angepasst; hochwertige Seife wird aus Pflanzenölen hergestellt und Heilsalbe enthält keine Pottasche mehr.

Im Zeitalter der elektronischen Medien werden die Rezepte auch nicht mehr geheim gehalten – Sharing is caring. Facebook, Instagram und Co. sind voll mit wohlmeinenden Anleitungen und Ratschlägen. Der Unterschied zwischen Information und Falschinformation ist fließend. Glücklicherweise gibt es noch gut recherchierte und erprobte Ratgeber. Wer sich richtig informiert, kann sich seine eigene feste Naturkosmetik zum kleinen Preis selber herstellen.

Ich entscheide

Zur Nachhaltigkeit zählt auch das „Selbermachen“, der Umgang mit einer Materie, Kenntnisse über Rohstoffe, die Verarbeitung kostbarer Pflanzenöle und -butter. Wenn wir uns intensiv damit beschäftigen, sehen wir alles, was dazu gehört, mit anderen Augen und wissen dadurch die entstandenen Produkte auch viel mehr zu schätzen und zu genießen.

Letztendlich bestimmst du, was in deiner Kosmetik enthalten ist oder nicht, was auf deine Haut und zu guter Letzt ins Abwasser und in die Umwelt gelangt.

Es ist deine Entscheidung, welche Rohstoffe du verwendest, ob vegan, tierversuchsfrei, palmölfrei oder aus Bioanbau. Die hier vorgestellten Rezepte sind alle vegan und palmölfrei.

Wie auch andere Handwerke beansprucht die Herstellung eigener Kosmetik alle Sinne. Der köstliche Duft reiner Kakaobutter, der leckere Geschmack von Kokosöl im Lippenpflegestift, das pflegende Gefühl, das ein Massage Bar auf der Haut hinterlässt, die Freude über ein selbst hergestelltes Produkt und schließlich das Kompliment von Freunden oder dem Partner über den neuen Shampoo Bar.

AN MEINE HAUT LASSE ICH NUR WASSER UND...

Wer erinnert sich noch an den alten Werbeschlager der 70er-Jahre? Die Vervollständigung des Satzes wäre ... Selbstgerührtes.

Die Industrie arbeitet nach dem Prinzip der Gewinnmaximierung und muss mit der Verwendung billiger Rohstoffe den Preis des Endprodukts möglichst niedrig halten. Du kannst jedoch deine Inhaltsstoffe gezielt aussuchen. Oft unterscheiden sich einzelne Produkte nur unwesentlich – eine altbewährte Marketingstrategie. Dafür muss eine aufwendige, neue Verpackung her, um sich von der Konkurrenz unterscheiden zu können. Oft ist die Verpackung teurer als der Inhalt. Den Menschen sprechen optische Reize eben sehr an. Wer sich ein neues elektronisches Gerät kaufen möchte, betreibt intensive Recherche. Beim Kauf von Kosmetika stattdessen sind die meisten Konsumenten ziemlich unbedarft und verlassen sich auf Werbeversprechen oder lassen sich von einer eleganten Verpackung beindrucken. Oder es werden Produkte gekauft, die wir oder unsere Eltern schon immer im Haus hatten, ohne die Inhaltsstoffe zu recherchieren. Schlagworte wie „Dermatologisch getestet" oder „Frei von Tierversuchen" suggerieren eine heile Welt in der Kosmetikbranche. Die Eigenverantwortung wurde uns abgenommen. Mit dem Selbermachen kommt sie aber wieder. Wer zum Beispiel eine Nussallergie hat, kann seine Produkte ohne nussbasierte Rohstoffe selber herstellen. Wer sensibel auf die herkömmlichen Konservierungsstoffe in Kaufkosmetik reagiert (Parabene!), wird mit fester Naturkosmetik ohne eben diese Stoffe besser bedient sein. Wer es leid ist, erdölbasierte Lippenpflegestifte zu konsumieren (und im Durchschnittsleben „essen" wir mehr als 3,5 kg davon), rührt sich seine Pflege selbst. Nur so weißt du ganz genau, welche Rohstoffe darin stecken, was deiner Haut guttut und verträglich ist. Du hast die Wahl, zertifizierte Biozutaten zu verwenden, und kannst mit dem Kauf die Erzeuger unterstützen, die sich genau wie du um Nachhaltigkeit, Gesundheit und Ökologie bemühen. Manche der Zutaten hast du vielleicht ohnehin in der Küche, andere kannst du in der Apotheke, im Biomarkt oder in speziellen Rohstoffshops bestellen (siehe Bezugsquellenverzeichnis auf Seite 126). Anstatt teure Naturkosmetik aus dem Reformhaus zu kaufen, kommen wir Selbermacher weitaus günstiger weg. Wir können Minimalismus ausüben, einfache Rezepte rühren und nur solche Zutaten verwenden, die für unsere spezifische Haut sinnvoll und wohltuend sind.

Unsere Haut

Die Haut ist das größte Organ des Menschen. Sie übt die unterschiedlichsten Funktionen aus: Sie atmet, schützt und hilft beim Stoffwechsel. Ob Hitze oder Kälte, Trockenheit oder Feuchte, Schmutz, Staub, UV-Strahlung oder Bakterien – die Haut bildet eine Barriere gegen Einflüsse der Außenwelt.

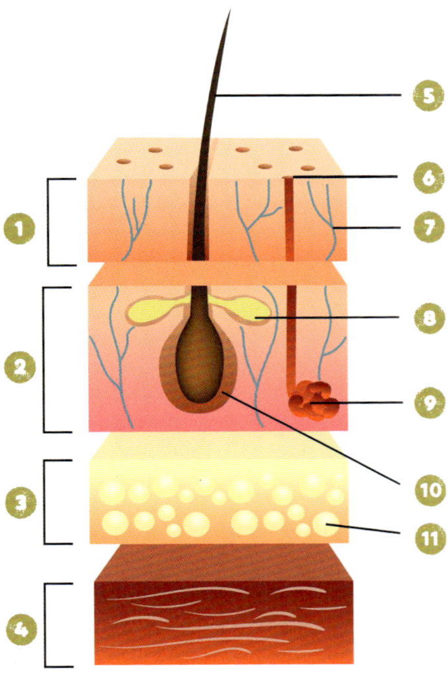

1. Epidermis, 2. Dermis, 3. Hypodermis, 4. Muskel, 5. Haarschaft, 6. Schweißpore, 7. Nerv, 8. Talgdrüse, 9. Schweißdrüse, 10. Haarbalg, 11. Fettzellen

Unsere Haut ist in Schichten aufgebaut: Die äußerste Schicht ist die Oberhaut (Epidermis), die aus Hornschicht und Keimschicht besteht. Die Hornschicht können wir gut an Händen und Füßen erkennen, denn dort ist sie verdickt. Auch Schweißporen befinden sich darin. Diese äußerste Schicht ist wie ein Schutzschild, das ständig von außen bombardiert wird und sich ständig durch Zellbildung erneuert.

Die Hornschicht besitzt einen Säureschutzmantel, der einen pH-Wert von ca. 5,5 aufzeigt. Darunter liegt die Lederhaut (Dermis) mit dem Bindegewebe, das für die Festigkeit und Elastizität verantwortlich ist. Die sich darin befindlichen Fasern (Muskeln und Nerven), Drüsen (Talg und Schweiß) und Gefäße (Blut und Lymphe) versorgen die Haut mit wertvollen Nährstoffen. Auch die Haarwurzeln sind dort angesiedelt.

Die Unterhaut (Hypodermis) wiederum speichert diese Nährstoffe und Fette und sorgt zudem für ein bequemes Polster, das uns vor Stößen, Druck und Wärmeverlust schützt.

Ist diese Barriereschutzfunktion einmal geschwächt, kann das zu vielen Hautproblemen oder sogar Erkrankungen führen. So ist es besonders wichtig, die Haut schonend zu reinigen, den hautkonformen pH-Wert zu berücksichtigen und die Haut mit dementsprechenden Produkten zu pflegen und unterstützen.

EIN GUTER START

Um erfolgreich feste kosmetische Produkte herstellen zu können, ist ein bestimmtes Grundwissen und die Beachtung von Regeln unabdingbar. Wie in der Küche beim Kochen brauchst du eine kleine Anzahl an Zubehör und Rezepten, die du Schritt für Schritt nacharbeiten kannst.

Der pH-Wert

Der Begriff pH-Wert kommt von der Abkürzung des lateinischen Ausdrucks „pondus hydrogenii", dem Potenzial des Wasserstoffes. Er ist ein Maß, wie sauer oder basisch eine wässrige Lösung ist. Ein pH-Wert um 7 ist neutral, unter 7 sauer und über 7 basisch (alkalisch). Wie schon erwähnt hat der Säureschutzmantel unserer Haut einen pH-Wert um 5,5. Kosmetische Produkte, die einen wesentlich höheren (alkalischen) oder niedrigeren (sauren) pH-Wert aufweisen, können unseren Säureschutzmantel negativ beeinflussen und Hautprobleme auslösen. Aus diesem Grunde sind die in diesem Buch vorgestellten Rezepte zur Hautreinigung schon vorab auf einen der Haut gemäßen pH-Wert durch eine Zitronensäurelösung eingestellt.

Alle wasserfreien Naturkosmetikprodukte benötigen keine pH-Wert-Einstellung, denn sie haben ja kein Wasser mit an Bord. Wasser ist aber für die Haut lebensnotwendig, nicht nur durch die innere Zufuhr, sondern auch von außen. Wir sollten aus diesem Grunde auch wasserfreie Produkte nur auf feuchter Haut anwenden, denn dann erst kann sich das Wasser mit den Emulgatoren in der Haut, die das Bindeglied von Wasser und Öl darstellen, mit den ölhaltigen Komponenten unserer Produkte verbinden.

Arbeitsplatz

Natürlich muss der Arbeitsplatz immer sauber und hygienisch gehalten werden. Falls du in der Küche arbeitest, solltest du alle Lebensmittel vorher wegräumen. Dein bester Freund für hygienisches Arbeiten ist eine Sprühflasche mit 70%igem Weingeist (oder Isopropylalkohol). Damit werden alle Arbeitsflächen und -geräte eingesprüht. Nicht abwischen, sondern trocknen lassen.

Eine Rolle Küchenpapier solltest du auch parat haben. Auf ein eingesprühtes Tuch kannst du Utensilien wie Löffel, Schüsseln etc. zum Trocknen auslegen.

Händewaschen vor Beginn ist selbstverständlich. Dann Einmalhandschuhe anziehen und diese auch kurz mit Alkohol einsprühen. Falls du mit pulverförmigen Stoffen arbeitest (ganz beson-

ders bei SCI), unbedingt Staubmaske tragen und für gute Ventilation sorgen. Am besten stellst du dir alle Rohstoffe laut Rezept bereit. Dann kannst du Schritt für Schritt der Anleitung folgen.

Arbeitsgeräte

Es braucht nicht viel, um seine festen Naturkosmetikprodukte selber herstellen zu können. Zunächst einmal benötigst du eine Hitzequelle (jede Herdart kann verwendet werden; Mikrowelle würde ich persönlich nicht empfehlen) und eine Kältequelle – Gefrierschrank oder Tiefkühlfach. Ein ruhiger, lichtdurchfluteter und belüftbarer Arbeitsplatz ist von Vorteil.

Weitere Utensilien, die du brauchst:

- kleiner (beschichteter) Topf oder Stielkasserolle
- kleiner hitzebeständiger Silikonspatel
- Küchenwaage
- wenn vorhanden: ein Bratenthermometer
- Ess- und/oder Teelöffel
- Glas- oder Porzellanschüsseln
- 70%iger Weingeist (oder Isopropylalkohol)
- 100-ml-Flasche mit Sprühkopf (für den Alkohol zum Desinfizieren)
- 50-ml-Glasflasche mit Glaspipette (für die Zitronensäurelösung zur pH-Wert-Einstellung)
- Einmalhandschuhe
- Atemschutzmaske
- eine Flasche destilliertes Wasser
- ausgespülte leere Behälter, wie zum Beispiel Marmeladengläser zur Aufbewahrung
- für Shampoo/Dusch/Lotion Bars: Silikonförmchen, Fassungsvermögen ca. 50 ml/g oder mehrere kleinere Förmchen
- für Badebomben: feste Formen (kann auch eine Eiswürfelschale sein)
- eventuell Papphülsen für Lippenpflegestifte und Lotion Bars

Haltbarkeit

Wenn du sauber arbeitest und dich an die Regeln und Herstellung hältst, sollten die Produkte (Lagerung bei Zimmertemperatur oder im Kühlschrank) zwei bis drei Monate haltbar sein. Bitte Pulver und Bars immer trocken aufbewahren, nicht in der Dusche oder am Waschbeckenrand liegen lassen. Lotion Bars und Face Melts nur mit sauberen Fingern auftragen und nach Verbrauch wieder gut einpacken. Bei sehr heißen Temperaturen am besten im Kühlschrank lagern.

Rohstoffe

Rohstoffe sind die Zutaten für unsere selbst hergestellte feste Naturkosmetik. Ihre Bezeichnung ist in der INCI (International Nomenclature of Cosmetic Ingredients), der Internationalen Nomenklatur für kosmetische Inhaltsstoffe, festgelegt. An diese Bezeichnungen musst du dich unbedingt halten, wenn du dir deine Einkaufsliste zusammenstellst. Am Ende dieses Buches gibt es eine Liste mit bewährten Rohstoffhändlern (siehe Seite 126). Manche der Zutaten sind auch in der Apotheke oder im Reformhaus zu erwerben oder, wie zum Beispiel Kokosöl, vielleicht schon in deiner Küche vorhanden.

Da wir hier naturkosmetische feste Produkte herstellen wollen, ist es sinnvoll (wenn möglich), Rohstoffe in Bioqualität zu erwerben. Sie werden ohne den Einsatz von Pestiziden oder Pflanzenschutzmitteln, ohne künstliche Düngemittel oder Gentechnik artgerecht angepflanzt und geerntet.

Die Ingredienzien, die wir für unsere feste Naturkosmetik verwenden, können in verschiedene Gruppen aufgeteilt werden.

Öle und Butter

Pflanzliche Öle und Butter enthalten spezifische Fettsäuren, unter anderem Ölsäure, Linolsäure und Palmitinsäure, die sich, wie auch im Lebensmittelbereich, in ungesättigte, gesättigte und mehrfach ungesättigte Fettsäuren aufgliedern lassen.

Sie bestimmen, wie gut eine Creme in die Haut einzieht (das sogenannte Spreitverhalten), schleusen andere Wirkstoffe tiefer in die Hautschichten, haben oft eine kühlende oder antimikrobielle Wirkung. Sie helfen, die Hautoberfläche zu glätten und die Hautbarriere gegen äußere Einflüsse zu stabilisieren und zu schützen. Sie sind sozusagen das Gerüst unserer selbst hergestellten festen Kosmetik.

Auch in der Haarpflege spielen Pflanzenfette eine große Rolle: Sie glätten den Haarschaft, indem sie sich wie ein Schutzschild um das einzelne Haar legen, und können sogar juckender Kopfhaut entgegenwirken.

Emulgatoren und Wachse

Eigentlich braucht es für feste Naturkosmetikprodukte keine Emulgatoren, da es sich hierbei nicht um ein Gemisch aus Wasser und Öl handelt, das miteinander verbunden werden muss.

Trotzdem profitieren einige Formulierungen von der Verwendung eines (Ko-)Emulgators, in unserem Fall ein Fettalkohol, da er Shampoo oder Dusch Bars eine erhöhte Stabilität gibt und zum besseren Auswaschen des Produkts aus dem Haar beiträgt.

In festen Pflegeprodukten hilft der Fettalkohol, das Hautgefühl zu verbessern; die ölige Komponente wird abgemindert. Dadurch wirkt das Produkt etwas mattierend und hilft, die Öle besser in die Haut zu schleusen.

FACHBEGRIFFE KURZ ERKLÄRT

- Emulgator: Bindeglied zwischen Wasser und Öl
- Fettalkohol: (Ko-)Emulgator, macht die Haut geschmeidig und glatt
- anti-irritant: Wirkt Irritationen entgegen
- Peeling: feines Abschleifen von abgestorbenen Hautpartikeln
- Emollient: fettbasierter Hautpflegebestandteil, der dem Feuchtigkeitsverlust der Haut entgegenwirkt
- absorbierend: Fett aufsaugend

Die Emulgatoren-Mischung (CosmeGreen 1822+) in den Conditioner Bars macht das Haar weich, seidig und glatt.
Wachse geben den Produkten Festigkeit und Konsistenz und tragen zur Glättung von Haut und Haaren bei.

Tenside

Unter Tensiden verstehen wir waschaktive Substanzen, die in Reinigungsprodukten verwendet werden (weiteres dazu im entsprechenden Kapitel siehe Seite 24).

Pulverförmige Stoffe

Hierzu zählen Tonerden, Natron, Schlämmkreide, Pflanzenpulver, Weinsteinpulver und Kieselgur.

- **Tonerden** haben verdickende, absorbierende, reinigende und stabilisierende Funktionen.
- **Natron** zusammen mit Zitronensäure erzeugt eine sprudelnde Reaktion im Wasser.
- **Stärke** verzögert diese Reaktion in Badebomben und sorgt für ein weiches Gefühl im Wasser.
- **Schlämmkreide** wird als Putzkörper in der Zahnreinigung verwendet.
- **Pflanzenpulver** werden in Gesichtsmasken verwendet und haben entzündungshemmende, beruhigende oder aktivierende Inhaltsstoffe entsprechend dem jeweiligen Pflanzengut.
- **Weinsteinpulver** gibt Badebomben einen stabilen Schaum.
- **Kieselgur,** auch Diatomeenerde genannt, ist eine feine pulverförmige Substanz, die aus den versteinerten Schalen von Kieselalgen besteht. Sie hat ein besonders hohes Aufsaugvermögen und wird deshalb gerne in desodorierenden Produkten verwendet.

Wirkstoffe

Zu den Wirkstoffen gehören Glycerin (Feuchthaltemittel), Salze (zur Muskelentspannung beim Baden), Zitronensäure (Einstellung des pH-Werts), Zitronensäureester, Decalact Deo und Zinkricinoleate (desodorierende Wirkung) sowie Menthol (kühlende Wirkung).

Ätherische Öle

Ätherische Öle werden meistens durch Wasserdampfdestillation des entsprechenden Pflanzenguts gewonnen. Auch hier lohnt es sich auf Bioqualität zu achten, denn manchmal werden beim Extrahieren Lösungsmittel eingesetzt, auf die wir hier verzichten wollen.

Der Duft ätherischer Öle ist etwas ganz Individuelles. Was der einen Nase gefällt und vielleicht wunderschöne Kindheitserinnerungen weckt, missfällt der anderen.

Jede der hier vorgestellten Rezepturen hat einen Vorschlag für ätherische Öle beziehungsweise deren Kombination. Selbstverständlich kannst du dir deine eigenen Mischungen zusammenstellen, du solltest dich nur an die angegebene Tropfenzahl halten, da ätherische Öle äußerst konzentriert sind.

Die hier verwendeten ätherischen Öle

Name	INCI	Funktion
Bergamotte*	Citrus Aurantium Bergamia Peel Oil	antibakteriell, antiseptisch, beruhigend, entkrampfend, stimmungsaufhellend, zellgenerierend
Lavendel	Lavandula Angustifolia Oil	beruhigend, desodorierend, entkrampfend, entzündungshemmend, schmerzlindernd, zellerneuernd
Mandarine	Citrus Nobilis Peel Oil	anregend, antiseptisch, durchblutungsfördernd, entspannend
Patchouli	Pogostemon Cablin Oil	anregend, antibakteriell, desodorierend, wundheilend
Pfefferminze	Mentha Arvensis Leaf Oil	antibakteriell, kühlend, schmerzstillend
Rosengeranie	Pelargonium Graveolens Oil	adstringierend, antimykotisch, antiviral, entkrampfend, hautpflegend, wundheilend
Ylang-Ylang	Cananga Odorata Flower Oil	beruhigend, entspannend, entzündungshemmend, harmonisierend

*Am besten ist ein bergapten-freies Bergamotte Öl – ohne den Wirkstoff Bergapten, der für die photosensibilisierenden Eigenschaften verantwortlich ist.

BEGRIFFE ERKLÄRT

adstringierend:
zusammenziehend (Gewebe, Haut)
antibakteriell:
gegen Bakterien wirkend
antimykotisch: gegen Pilze wirkend
antiseptisch: die Keimzahl verringernd
antiviral: gegen Viren wirkend

Palmöl? Nein danke?!

Weltweit ist Palmöl das billigste und am einfachsten anzubauende Pflanzenöl. Es steckt nicht nur in Lebensmitteln, sondern auch in Biodiesel und in kosmetischen Rohstoffen. Regenwälder werden für den Anbau dezimiert. Für die Umwelt hat das katastrophale Folgen. Nicht nur unser wichtigster Wasserspeicher wird zerstört, sondern auch zahlreiche Arten der Tier- und Pflanzenwelt. Die bei der Raffination von Palmöl entstehenden Schadstoffe können möglicherweise sogar krebserregend sein.

Ein totaler Verzicht auf Palmöl ist aber ökologisch und ökonomisch nicht machbar. Wenn weltweit von Palmöl auf zum Beispiel Kokosöl umgestellt würde, würde sich die Problematik nur verlagern. Zahlreiche Kleinbauern bewirtschaften auf nachhaltige Weise, oft sogar in Bioqualität und/oder Fair Trade, ihre Plantagen und erhalten so die Natur ihrer Region und für sich ein geregeltes Einkommen. Zertifizierungen wie zum Beispiel RSPO (Roundtable on Sustainable Palm Oil) versuchen, gewisse Standards zur Erzeugung von Palmöl einzuhalten. Manche Rohstoffe sind nur in MB-(Mass-Balance-)Qualität erhältlich. Das bedeutet, der Hersteller muss sicherstellen, woher das verwendete Palmöl kommt, und ein Teil davon muss nach RSPO-Standard zertifiziert sein.

Frisches Wasser? Unbedingt!

Unser wunderschöner Planet Erde ist bis zu 71 % von Wasser bedeckt, jedoch sind davon 97 % Salzwasser, und somit ist frisches, unbelastetes Trinkwasser rar.

Nicht nur bei der Herstellung von Verpackungsmaterial wird jede Menge Wasser verbraucht. Auch kosmetische Produkte enthalten in der Mehrheit einen großen Anteil davon.

Ein nachhaltiger Umgang mit dieser lebensnotwendigen Ressource ist unabdingbar. Aus diesem Grunde wenden sich immer mehr Konsumenten und Hersteller zu festen, wasserfreien kosmetischen Produkten. Durchschnittlich verwendet der Verbraucher über zehn Flaschen Shampoo und elf Flaschen Duschgel pro Jahr. Ein Shampoo Bar von ca. 50 g Gewicht entspricht in etwa zwei bis drei Flaschen Shampoo.

TIPP

Morgens in der Dusche das Wasser nicht laufen lassen, bis es warm ist. Für einen extra Frischekick gleich unter das kalte Wasser hüpfen. Wem das ein wenig zu extrem erscheint, kann auch einen Eimer mitnehmen, um das kalte Wasser darin aufzufangen (Zimmerpflanzen und Garten werden sich bedanken). Du musst auch nicht jeden Tag deine Haare waschen; gönn deiner Kopfhaut eine Pause.

#machsnachhaltig

BEVOR ES LOSGEHT

Eine 70%ige Alkohollösung herstellen

Meistens gibt es Weingeist mit einer Reinheit von 96 % oder Isopropylalkohol mit einer Reinheit von 98 % zu kaufen. Ich empfehle Weingeist, da er ein natürliches Produkt und nicht vergällt ist. Isopropylalkohol ist zwar billiger, wird aber leider aus mineralölbasierten Inhaltsstoffen gewonnen. Ich erwähne ihn hier trotzdem. Beide müssen verdünnt werden, denn nur ein Alkoholgehalt von 70 % kann für Desinfektionszwecke verwendet werden. Purer Alkohol würde die in den Viren, Bakterien und Pilzen vorhandenen Proteine koagulieren (gerinnen) lassen, ohne aber die Organismen abzutöten. Der Wassergehalt in einer 70%igen Alkoholkonzentration übt zudem einen hohen osmotischen Druck auf die Zellen aus und tötet so zusammen mit dem Alkoholanteil die unerwünschten Mikroorganismen ab.

Für eine 100 ml Sprühflasche wiegst du folgende Mengen ab:

- Bei 96%igem Weingeist brauchst du 68 g Weingeist und 32 g destilliertes, abgekochtes Wasser.
- Bei 98%igem Isopropylalkohol brauchst du 67 g Isopropylalkohol und 33 g destilliertes, abgekochtes Wasser.

Eine 30%ige Zitronensäurelösung herstellen

Du benötigst:

- 50-ml-Braunglasflasche mit Glaspipette
- Glas zum Abwiegen
- Zitronensäurepulver (lebensmittelgeeignet)
- destilliertes Wasser
- Küchenwaage

AUCH DESTILLIERTES WASSER PROFITIERT VOM ABKOCHEN, ABER AM BESTEN NUR DIE ERWÜNSCHTE MENGE (BZW. EIN KLEINES BISSCHEN MEHR WEGEN WASSERVERLUST BEIM VERDAMPFEN) SPRUDELND AUFKOCHEN, ENTWEDER IN EINEM FEUERFESTEN GLAS AUF DEM HERD ODER IM WASSERKOCHER.

So geht's:

- Wichtig: Flasche, Pipette und Glas mit 70%igem Alkohol einsprühen und trocknen lassen.
- Destilliertes Wasser kurz abkochen und etwas abkühlen lassen.
- In das Glas nun 15 g Zitronensäurepulver einwiegen und auf 50 g mit destilliertem Wasser füllen.
- Wenn die Lösung herunter gekühlt ist, in die Braunglasflasche mit Pipette umfüllen.
- Diese Lösung ist mehrere Monate haltbar, da der pH-Wert sehr gering ist, damit im sauren Bereich liegt.

TIPP

- Da meistens nur geringe Mengen vom destillierten Wasser benötigt werden, diese am besten (nach dem Abkochen) in ein kleines Gläschen direkt einwiegen (dann kann später mengenmäßig schon nichts schief gehen, und ich spreche hier aus Erfahrung!).
- Zum Abmessen von Flüssigkeiten wie Glycerin oder Öle diese am besten über einem desinfizierten Löffel direkt ins Gefäß rinnen lassen.
- Die Mengenangaben der Rezepte sind so ausgerechnet, dass mit einer normalen Küchenwaage (Anzeige: 1 g) gearbeitet werden kann. Wenn du kleinere Mengen herstellen möchtest, solltest du in eine gute Feinwaage (Anzeige: 0,1 g oder 0,01 g) investieren.
- Wenn deine Einmalhandschuhe nach dem Arbeiten noch intakt sein sollten, einfach beim nächsten Mal wiederverwenden. Nach dem Anziehen kurz mit Alkohol einsprühen.
- Wer seinen Herd voll im Griff hat, kann auch aufs Wasserbad vollständig verzichten und das feuerfeste Töpfchen direkt auf die Herdplatte stellen. Ich zum Beispiel arbeite mit einem einzelnen Induktionskochfeld (vom schwedischen Möbelhaus) mit einer Adapterplatte. Bei Elektro- oder Cerankochfeldern können die entsprechenden Gefäße direkt daraufgestellt werden. Immer mit geringer Hitze starten und nicht zu hoch aufdrehen.
- Wenn die erhitzte Masse aufgeschmolzen ist, vom Herd nehmen, ganz kurz warten und die ätherischen Öle dazu träufeln. Umrühren nicht vergessen. Normalerweise sollen ätherische Öle nicht erhitzt werden, da sie sich sehr schnell verflüchtigen, in unserem Falle wird jedoch die Masse sofort in entsprechende Förmchen gefüllt und kommt dann direkt ins Gefrierfach oder den Kühlschrank zum schnellen Abkühlen.
- Beim Umgang mit pulverförmigen Stoffen, ganz besonders bei Tensiden, bitte immer unbedingt eine Staubmaske tragen und gut lüften. Wer seine Rohstoffe zum Verkleinern durch eine Kaffee- oder Gewürzmühle lässt – diese vor dem Öffnen kurz stehen lassen, bis sich das Pulver gesetzt hat, dann erst öffnen und die Masse weiterverwenden.
- Spülmaschinenfeste Ware einfach mit in den nächsten Spülgang geben. Nach dem Aufschmelzen reiner fettbasierten Produkte das Töpfchen gleich nach der Verwendung mit Küchenpapier auswischen.
- Einige Rohstoffe oder Gemische haben Gefahrenhinweise auf ihrem Etikett. Davon bitte nicht abschrecken lassen, denn auch hier macht die Dosis das Gift. Diese Hinweise sind eine gute Erinnerung an einen verantwortlichen und hygienischen Umgang mit der Materie!

FESTE REINIGUNGS-PRODUKTE

Das A und O jeder Hautpflege ist die richtige Reinigung. Reinigungsprodukte sollen Schmutz und Staub, Fett, Schweiß und überschüssigen Talg sowie Make-up von Gesicht, Körper und Haaren entfernen. Und das möglichst sanft. Die hier vorgestellten Reinigungspulver, Shampoos und Dusch Bars haben alle einen hautfreundlichen pH-Wert, um die Barriereschicht der Haut intakt zu halten.

AUFGABEN

ACHTUNG!
OBWOHL VIELE SEIFENSÄCKCHEN SEHR DEKORATIV AUSSEHEN UND AUS NACHHALTIGEM MATERIAL HERGESTELLT SIND, DÜRFEN DIESE AUF DIE DAUER NICHT NASS BLEIBEN, DA SICH SONST SCHIMMEL UND PILZE ANSAMMELN.

Reinigungsprodukte sind Produkte für die Körperhygiene, die zum Großteil aus Reinigungsmitteln, sogenannten Tensiden, bestehen. Tenside nehmen Schmutz auf, indem sie die Oberflächenspannung des Wassers herabsetzen. So können sich zwei ansonsten nicht mischbare Flüssigkeiten (Öl und Wasser) mischen. Beim Abspülen werden der Schmutz und die Tenside dann von der Haut entfernt, aber manchmal eben auch hauteigene Lipide (Fette) und andere Substanzen. Um der damit einhergehenden Austrocknung der Haut entgegenzuwirken, werden irritationsmildernde und feuchtigkeitsspeichernde Ingredienzien eingesetzt, wie zum Beispiel Glycerin.
Dusch und Shampoo Bars sind keine Seifen! Seife hat einen sehr hohen, alkalischen pH-Wert, die Reinigungsprodukte in diesem Buch haben dagegen einen hautfreundlichen, sauren. Ohne Silikone formuliert und mit milden kokosöl-basierten Tensiden hergestellt, erzeugen sie einen schönen cremigen Schaum, sind einfach und sparsam auszuspülen und sehr leicht biologisch abbaubar.

Aufbewahrung

Deine Shampoo und Dusch Bars müssen trocken gelagert werden. In der Dusche aufbewahrt, könnten sie sich mit der Zeit auflösen oder zu einer matschigen, klumpigen Masse werden. Am besten legst du sie auf eine Seifenschale mit Abtropflöchern, noch besser auf eine Scheibe Luffa, wo sie in Ruhe an der Luft trocknen können. Auch gerne benutzt werden kleine Seifensäckchen zum Aufhängen, aus Baumwolle, Jute oder selbst Gestrickte oder Gehäkelte.
Manchmal kann es vorkommen, dass sich am Ende seiner Laufbahn der Shampoo Bar in kleinen Resten verabschiedet. Kein Grund zur Panik, denn diese können in einem Seifensäckchen zum Duschen aufgebraucht werden.
Auch Badebomben müssen unbedingt trocken und fest verschlossen gelagert werden.

Rohstoffübersicht für Reinigungsprodukte

Name	INCI	Funktion
Avocadoöl	Persea Gratissima Oil	Emollient, Einsatz bei trockener Haut und Haaren
Behenylalkohol	Behenyl Alcohol	Fettalkohol, (Ko-)Emulgator, Konsistenzgeber
ConditionerGreen ES1822+	Arachidyl/Behenyl Betainate Esylate (and) Arachidyl/Behenyl Alcohol	Emulgator, konditionierend
Epsom-Salz	Magnesium Sulfate	entspannend, regenerierend
Erythrit	Erythritol	Zahnpflege, Anti-Karies
Glycerin	Glycerin	Feuchthaltemittel, anti-irritant
Kaffeepulver	Coffee Arabica Seed Powder	Peeling
Kakaobutter	Theobroma Cacao Seed Butter	Emollient, hautpflegend
Kokosmilchpulver	Cocos Nucifera Milk Powder	Emollient, hautpflegend
Kokosöl	Cocos Nucifera Oil	Emollient, hautpflegend
Maisstärke (auf kosmetische Qualität achten)	Zea Mays Starch	Füllstoff, ölabsorbierend, Alternative zu Talk
Mangobutter	Mangifera India Seed Butter	Emollient, hautpflegend
Natron	Sodium Bicarbonate	Weichmacher, Hauptinhaltsstoff von Badebomben
Neutralöl	Caprylic/Capric Triglyceride	Emollient, hautpflegend
Rosa Tonerde	Kaolin	Putz- und Schleifkörper, absorbierend
Rosenblütenblätter, gemahlen	*Rosa gallica* L. and *Rosa* × *centifolia* L. Powder	Weichmacher, hautberuhigend
Schlämmkreide	Calcium Carbonat	Putz- und Schleifkörper, Zahnpflege
Sheabutter	Butyrospermum Parkii Butter	Emollient, hautpflegend
Sodium Cocoyl Isethionate	Sodium Cocoyl Isethionate	Tensid, Waschmittel
Weinsteinpulver	Tartaric Acid	Macht Badebomben härter
Weiße Tonerde	Kaolin	Putz- und Schleifkörper, absorbierend
Xylit (Birkenzucker)	Xylitol	Zahnpflege, Anti-Karies (Achtung: Kann tödlich für Hunde und Katzen sein!)
Zitronensäurepulver	Citric Acid	Säure, pH-Wert-Einstellung

#machsnachhaltig

SCHRITT FÜR SCHRITT ZUM BAR

Alle Arbeitsgeräte und Zutaten – von links nach rechts und oben nach unten: Stieltöpfchen mit Silikonspatel, Silikonförmchen, Wasser (im Becherglas), Glycerin (im Schälchen), Zitronensäurelösung, Alkohol, Tensid, Fettalkohol, Kakaobutter, weiße Tonerde.

Hier lassen sich noch gut die einzelnen Rohstoffe erkennen.

1 Zunächst Staubmaske und Einmalhandschuhe anziehen und alle Gerätschaften mit Alkohol besprühen. Auf einem Zellstofftuch kurz trocknen lassen. Gemäß Rezept alle Zutaten bis auf die ätherischen Öle in das Stieltöpfchen nacheinander einwiegen. Nach jedem Rohstoff die Tara-Funktion betätigen!

2 Jetzt auf der Hitzequelle langsam und vorsichtig erhitzen und am Anfang hin und wieder umrühren. Wer ein Bratenthermometer besitzt, kann damit (bitte vorher desinfizieren) von Zeit zu Zeit die Temperatur überprüfen (nicht über 85 °C gehen). Die Masse wird zunehmend breiig und homogener (gleichmäßiger).

Eine breiige Masse entsteht: Die einzelnen Rohstoffe lassen sich nicht mehr voneinander unterscheiden.

Die Masse befindet sich jetzt im Silikonförmchen.

3 Nun heißt es rühren, bis die Masse einheitlich aussieht und keine Klumpen mehr aufweist. Hin und wieder den Spatel am Topfrand abstreichen und alles wieder umrühren. Aufpassen: Wenn die Masse schaumig wird, bitte vom Herd nehmen (Untersetzer nicht vergessen) und nochmals kräftig aufrühren.

Die Masse ist jetzt homogen (gut gemischt) und verflüssigt sich ein wenig.

4 Nachdem das Töpfchen vom Herd genommen wurde, ätherische Öle dazu träufeln und gut einrühren. Die Masse in ein Silikonförmchen gießen (bzw. bei manchen Rezepten muss sie quasi hinein gespachtelt werden).

5 Nun kommt die Silikonform für mehrere Stunden ins Tiefkühlfach oder den Gefrierschrank.

Nach dem Herausholen gleich ausformen (vorsichtig aus der Silikonform herausnehmen) und noch ein paar Stunden Zimmertemperatur annehmen lassen.

TIPP

Mit dem gefüllten Förmchen ein paar Mal leicht auf den Tisch klopfen, damit sich eventuell darin befindliche Luftbläschen auflösen und sich die Masse besser setzt. Nicht verzagen, falls die Oberfläche nicht ganz glatt aussieht; die sich im Förmchen unten befindliche Seite wird beim Ausformen die obere Seite sein und eine feinere Textur aufweisen. Du kannst dir auch etwas vom Alkohol über einen behandschuhten Finger sprühen und dann vorsichtig die Oberfläche damit glattstreichen.

SHAMPOO BAR FÜR DIE GANZE FAMILIE

Ein guter Einstieg ins Shampoo-Bar-Vergnügen, mit wenigen Zutaten und für alle geeignet!

Einkaufszettel für 50 g

- 10 g destilliertes Wasser
- 2 g der 30%igen Zitronensäurelösung
- 3 g Sheabutter
- 5 g Glycerin
- 3 g Behenylalkohol
- 27 g Sodium Cocoyl Isethionate Pulver
- **optional**: ätherische Öle; Vorschlag: 9 Tropfen Lavendel und 6 Tropfen Mandarine

TAUSCH-OPTIONEN:

- Fettalkohol: Cetyl Alcohol oder Cetearyl Alcohol (kann die Konsistenz beeinflussen/nicht palmölfrei)
- Butter: Kakaobutter, Cupuacubutter oder Mangobutter (kann eventuell die Konsistenz beeinflussen)

Zubehör

- Küchenwaage
- (beschichtetes) Töpfchen
- (Silikon-)Spatel
- Silikonförmchen
- Bratenthermometer (wenn vorhanden)

Anleitung

- Alle Rohstoffe bis auf die ätherischen Öle nacheinander in das feuerfeste Töpfchen wiegen (Tara-Funktion).
- Im Wasserbad unter ständigem Rühren sanft erhitzen, bis die Masse aufgeschmolzen ist und einheitlich aussieht. Die Temperatur sollte mindestens 80 ° bis 85 °C betragen.
- Alles nochmal gut durchrühren; die Farbe ist jetzt opak.
- Vom Herd nehmen und die ätherischen Öle dazu träufeln.
- Nochmals gut durchrühren, ins Förmchen geben und für mindestens ein bis zwei Stunden in das Tiefkühlfach legen.
- Danach aus dem Förmchen nehmen und Zimmertemperatur annehmen lassen.

Anwendung

- Mit den Händen den Bar aufschäumen und den Schaum sanft auf Kopfhaut und Haare massieren. Gründlich ausspülen und wiederholen. Beim ersten Shampoonieren ergibt sich meistens weniger Schaum als bei der zweiten Anwendung.

Aufbewahrung

- Trocken, nicht in der Dusche, am besten auf einer Seifenablage mit Abtropflöchern oder einer Luffa-Scheibe. Ebenfalls geeignet sind kleine Seifensäckchen zum Aufhängen (der Bar sollte trocken sein). Bei Zimmertemperatur lagern.

SHAMPOO BAR FÜR TROCKENES HAAR

Eine extra Portion an Kokosöl und eine reduzierte Tensidmenge für trockenes, strapaziertes Haar!

Einkaufszettel für 50 g

- 6 g destilliertes Wasser
- 2 g der 30%igen Zitronensäurelösung
- 5 g Glycerin
- 20 g Sodium Cocoyl Isethionate Pulver
- 5 g Behenylalkohol
- 12 g Kokosöl
- **optional**: ätherische Öle; Vorschlag: 5 Tropfen Ylang-Ylang, 5 Tropfen Lavendel und 5 Tropfen Mandarine.

TAUSCH-OPTIONEN:
Fettalkohol: Cetyl Alcohol oder Cetearyl Alcohol (kann die Konsistenz beeinflussen/ nicht palmölfrei)

Zubehör

- Küchenwaage
- (beschichtetes) Töpfchen
- (Silikon-)Spatel
- Silikonförmchen
- Bratenthermometer (wenn vorhanden)

Anleitung

- Alle Rohstoffe bis auf die ätherischen Öle nacheinander in das feuerfeste Töpfchen wiegen (Tara-Funktion).
- Im Wasserbad unter ständigem Rühren sanft erhitzen, bis die Masse aufgeschmolzen ist und einheitlich aussieht. Die Temperatur sollte mindestens 80 ° bis 85 °C betragen.
- Alles nochmal gut durchrühren; die Farbe ist jetzt opak.
- Vom Herd nehmen und die ätherischen Öle dazu träufeln.
- Nochmals gut durchrühren, ins Förmchen geben und für mindestens ein bis zwei Stunden in das Tiefkühlfach legen.
- Danach aus dem Förmchen nehmen und Zimmertemperatur annehmen lassen.

Anwendung

- Mit den Händen den Bar aufschäumen und den Schaum sanft auf Kopfhaut und Haare massieren. Gründlich ausspülen und wiederholen. Beim ersten Shampoonieren ergibt sich meistens weniger Schaum als bei der zweiten Anwendung.

Aufbewahrung

- Trocken, nicht in der Dusche, am besten auf einer Seifenablage mit Abtropflöchern oder einer Luffa-Scheibe. Ebenfalls geeignet sind kleine Seifensäckchen zum Aufhängen (der Bar sollte trocken sein). Bei Zimmertemperatur lagern.

2-IN-1 SHAMPOO & CONDITIONER BAR

Wenig Schaum bedeutet nicht weniger Waschkraft! Dieses kleine Paket vereint Reinigung und Pflege.

Einkaufszettel für 50 g

28 g Sodium Cocoyl Isethionate Pulver

8 g Behenylalkohol

5 g ConditionerGreen ES1822+

7 g Avocadoöl

2 g Maisstärke

optional: ätherische Öle; Vorschlag: 5 Tropfen Ylang-Ylang und 10 Tropfen Lavendel

TAUSCH-OPTIONEN:

- Fettalkohol: Cetyl Alcohol oder Cetearyl Alcohol (kann die Konsistenz beeinflussen/ nicht palmölfrei)
- Öl: Sehr schön für die Haare sind auch Arganöl oder Abyssinianöl

Zubehör

Küchenwaage

(beschichtetes) Töpfchen

(Silikon-)Spatel

Silikonförmchen

Bratenthermometer (wenn vorhanden)

Anleitung

- Alle Rohstoffe bis auf die ätherischen Öle nacheinander in das feuerfeste Töpfchen wiegen (Tara-Funktion).
- Im Wasserbad unter ständigem Rühren sanft erhitzen, bis die Masse aufgeschmolzen ist und einheitlich aussieht. Die Temperatur sollte mindestens 80 ° bis 85 °C betragen.
- Vom Herd nehmen und die ätherischen Öle dazu träufeln.
- Nochmals gut rühren, ins Förmchen geben und für mindestens ein bis zwei Stunden in das Tiefkühlfach legen.
- Danach aus dem Förmchen nehmen und Zimmertemperatur annehmen lassen.

Anwendung

- Mit den Händen den Bar nass machen und das Produkt sanft auf Kopfhaut und Haare massieren. Dieser Bar schäumt weitaus weniger als die anderen. Gründlich ausspülen und wiederholen. Bei der zweiten Anwendung ergibt sich meistens etwas mehr Schaum.

Aufbewahrung

- Trocken, nicht in der Dusche, am besten auf einer Seifenablage mit Abtropflöchern oder einer Luffa-Scheibe. Ebenfalls geeignet sind kleine Seifensäckchen zum Aufhängen (der Bar sollte trocken sein). Bei Zimmertemperatur lagern.

AM BESTEN VERWENDEST DU DIESEN BAR IN EINEM KLEINEN SEIFENSÄCKCHEN – SO ERGIBT SICH MEHR SCHAUM.

DUSCH BAR FÜR DIE GANZE FAMILIE

Eine extra Portion Glycerin spendet der Haut Feuchtigkeit.

Einkaufszettel für 50 g

- 8 g destilliertes Wasser
- 2 g der 30%igen Zitronensäurelösung
- 10 g Glycerin
- 25 g Sodium Cocoyl Isethionate Pulver
- 5 g Behenylalkohol
- **optional**: ätherische Öle; Vorschlag: 5 Tropfen Rosengeranie und 5 Tropfen Mandarine

TAUSCH-OPTIONEN:
Fettalkohol: Cetyl Alcohol oder Cetearyl Alcohol (kann die Konsistenz beeinflussen/nicht palmölfrei)

Zubehör

- Küchenwaage
- (beschichtetes) Töpfchen
- (Silikon-)Spatel
- Silikonförmchen
- Bratenthermometer (wenn vorhanden)

Anleitung

- Alle Rohstoffe bis auf die ätherischen Öle nacheinander in das feuerfeste Töpfchen wiegen (Tara-Funktion).
- Im Wasserbad unter ständigem Rühren sanft erhitzen, bis die Masse aufgeschmolzen ist und einheitlich aussieht. Die Temperatur sollte mindestens 80 ° bis 85 °C betragen.
- Alles nochmal gut durchrühren; die Farbe ist jetzt opak.
- Vom Herd nehmen und die ätherischen Öle dazu träufeln.
- Nochmals gut durchrühren, ins Förmchen geben und für mindestens ein bis zwei Stunden in das Tiefkühlfach legen.
- Danach aus dem Förmchen nehmen und Zimmertemperatur annehmen lassen.

Anwendung

- Mit den Händen den Bar aufschäumen und den Schaum sanft auf dem Körper verteilen.
- Danach gründlich abspülen!

Aufbewahrung

- Trocken, nicht in der Dusche, am besten auf einer Seifenablage mit Abtropflöchern oder einer Luffa-Scheibe. Ebenfalls geeignet sind kleine Seifensäckchen zum Aufhängen (der Bar sollte trocken sein). Bei Zimmertemperatur lagern.

DUSCH BAR FÜR TROCKENE HAUT

Pflegende Kakaobutter schützt die Haut vor Austrocknung.

Einkaufszettel für 50 g

- 10 g destilliertes Wasser
- 2 g der 30%igen Zitronensäurelösung
- 3 g Glycerin
- 25 g Sodium Cocoyl Isethionate Pulver
- 3 g Behenylalkohol
- 4 g Kakaobutter
- 3 g weiße Tonerde (Kaolin)
- **optional**: ätherische Öle; Vorschlag: 5 Tropfen Ylang-Ylang und 10 Tropfen Lavendel

TAUSCH-OPTIONEN:

- Fettalkohol: Cetyl Alcohol oder Cetearyl Alcohol (kann die Konsistenz beeinflussen/ nicht palmölfrei)
- Kakaobutter: Mangobutter oder Sheabutter (kann die Konsistenz beeinflussen)

Zubehör

- Küchenwaage
- (beschichtetes) Töpfchen
- (Silikon-)Spatel
- Silikonförmchen
- Bratenthermometer (wenn vorhanden)

Anleitung

- Alle Rohstoffe bis auf die ätherischen Öle nacheinander in das feuerfeste Töpfchen wiegen (Tara-Funktion).
- Im Wasserbad unter ständigem Rühren sanft erhitzen, bis die Masse aufgeschmolzen ist und einheitlich aussieht. Die Temperatur sollte mindestens 80 ° bis 85 °C betragen.
- Alles nochmal gut durchrühren; die Farbe ist jetzt opak.
- Vom Herd nehmen und die ätherischen Öle dazu träufeln.
- Nochmals gut durchrühren, ins Förmchen geben und für mindestens ein bis zwei Stunden in das Tiefkühlfach legen.
- Danach aus dem Förmchen nehmen und Zimmertemperatur annehmen lassen.

Anwendung

- Mit den Händen den Bar aufschäumen und den Schaum sanft auf dem Körper verteilen.
- Gründlich abspülen!

Aufbewahrung

- Trocken, nicht in der Dusche, am besten auf einer Seifenablage mit Abtropflöchern oder einer Luffa-Scheibe. Ebenfalls geeignet sind kleine Seifensäckchen zum Aufhängen (der Bar sollte trocken sein). Bei Zimmertemperatur lagern.

DUSCH BAR MIT PEELING-EFFEKT

Altem Kaffeesatz wird neues Leben gegeben!

Einkaufszettel für 50 g

- 10 g destilliertes Wasser
- 2 g der 30%igen Zitronensäurelösung
- 5 g Glycerin
- 18 g Sodium Cocoyl Isethionate Pulver
- 5 g Behenylalkohol
- 5 g Kakaobutter
- 5 g Kaffeepulver bzw. Kaffeesatz (diesen vor der Verwendung einige Stunden auf einem Teller gut trocknen lassen)
- **optional**: ätherische Öle; Vorschlag: 15 Tropfen Mandarine

Zubehör

- Küchenwaage
- (beschichtetes) Töpfchen
- (Silikon-)Spatel
- Silikonförmchen
- Bratenthermometer (wenn vorhanden)

Anleitung

- Alle Rohstoffe bis auf das Kaffeepulver und die ätherischen Öle nacheinander in das feuerfeste Töpfchen wiegen (Tara-Funktion).
- Im Wasserbad unter ständigem Rühren sanft erhitzen, bis die Masse aufgeschmolzen ist und einheitlich aussieht. Die Temperatur sollte mindestens 80 ° bis 85 °C betragen.
- Jetzt das Kaffeepulver unterrühren. Vom Herd nehmen und die ätherischen Öle dazu träufeln.
- Nochmals gut durchrühren, ins Förmchen geben und für mindestens ein bis zwei Stunden in das Tiefkühlfach legen.
- Danach aus dem Förmchen nehmen und Zimmertemperatur annehmen lassen.

Anwendung

- Unter der Dusche mit dem Bar den Körper sanft massieren. Besonders gut für raue Stellen (Ellbogen, Fersen etc.) oder gegen Cellulite an den Schenkeln. Immer gründlich abspülen!

Aufbewahrung

- Trocken, nicht in der Dusche, am besten auf einer Seifenablage mit Abtropflöchern oder einer Luffa-Scheibe. Ebenfalls geeignet sind kleine Seifensäckchen zum Aufhängen (der Bar sollte trocken sein). Bei Zimmertemperatur lagern.

TAUSCH-OPTIONEN:

- Fettalkohol: Cetyl Alcohol oder Cetearyl Alcohol (kann die Konsistenz beeinflussen/ nicht palmölfrei)
- Kakaobutter: Mangobutter oder Sheabutter (kann die Konsistenz beeinflussen)

100%
HAND
MADE

RASIERSTICK

Sanft zur Haut, scharf zur Rasur. Nicht nur für Männer!

Einkaufszettel für 50 g

- 3 g destilliertes Wasser
- 2 g der 30%igen Zitronensäurelösung
- 22 g Glycerin
- 19 g Sodium Cocoyl Isethionate Pulver
- 2 g Behenylalkohol
- 2 g Kokosöl

empfehlenswert: ausgediente, gesäuberte und desinfizierte Deo-Hülse (mit Push-up oder Drehfunktion). Pappe ist hier nicht zu empfehlen, da sie beim ständigen Kontakt mit Wasser aufweicht.

optional: ätherische Öle; Vorschlag: 3 Tropfen Rosengeranie und 2 Tropfen Patchouli

Zubehör

- Küchenwaage
- (beschichtetes) Töpfchen
- (Silikon-)Spatel
- Hülse
- Bratenthermometer (wenn vorhanden)

Anleitung

- Alle Rohstoffe bis auf die ätherischen Öle in das feuerfeste Töpfchen wiegen (Tara-Funktion).
- Im Wasserbad unter ständigem Rühren sanft erhitzen, bis die Masse aufgeschmolzen ist und einheitlich aussieht. Die Temperatur sollte mindestens 80 ° bis 85 °C betragen.
- Vom Herd nehmen und die ätherischen Öle dazu träufeln.
- Nochmals gut durchrühren, in die Hülse (oder ein Silikonförmchen) geben und für mindestens ein bis zwei Stunden in das Tiefkühlfach legen.
- Danach Zimmertemperatur annehmen lassen (im Container).

Anwendung

- Zur Rasur das Gesicht oder Körperteil gut anfeuchten und direkt mit dem Stick (oder Bar) einreiben – der Schaum ist nicht sehr ausgeprägt, aber cremig. Oder du kannst mit dem Stick über die angefeuchteten Handflächen reiben, Schaum erzeugen und sanft auf das Gesicht oder Körperteil auftragen. Rasieren wie üblich und gut mit Wasser abspülen. Hinterher die noch leicht feuchte Haut mit dem Lotion Stick eincremen beziehungsweise Deodorant auftragen.

Aufbewahrung

- Trocken in der Hülse bei Zimmertemperatur.

TAUSCH-OPTIONEN:

- Fettalkohol: Cetyl Alcohol oder Cetearyl Alcohol (kann die Konsistenz beeinflussen/ nicht palmölfrei)
- Kakaobutter: Mangobutter oder Sheabutter (kann die Konsistenz beeinflussen).

DA ES SICH UM EIN PRODUKT (UNTER ANDEREM AUCH) FÜRS GESICHT HANDELT, MAXIMAL 5 TROPFEN ÄTHERISCHE ÖLE (FÜR 50 G) VERWENDEN.

#machsnachhaltig

SCHRITT FÜR SCHRITT ZUR BADEBOMBE

Alle Arbeitsgeräte und Zutaten: Natron, Epsom-Salz, weiße Tonerde, Zitronensäurepulver, Neutralöl, Badebombenform.

1 Zunächst Staubmaske und Einmalhandschuhe anziehen und alle Gerätschaften mit Alkohol besprühen. Auf einem Zellstofftuch gut trocknen lassen. Am besten eine Tischdecke ausbreiten oder mit einer Unterlage arbeiten, denn es wird Schmutz geben. Gemäß Rezept alle Zutaten bis auf die flüssigen in eine Schüssel, Messbecher oder gleich in den Behälter der Kaffee-/Gewürzmühle nacheinander einwiegen (Tara-Funktion). Bei der Verwendung von ätherischen Ölen diese gleich in die abgewogene Menge Öl hineinträufeln.

TIPP

Hier lohnt sich das Zerkleinern in einer Kaffeemühle. Wenn du keine hast, bitte nicht verzagen, deine Badebomben werden einfach etwas grobkörniger ausfallen.

Fein vermahlenes Pulver.

2 Öl mit ätherischen Ölen langsam hinzufügen und mit behandschuhten Händen verkneten. Die Konsistenz sollte wie feuchter Sand sein.

3 Wenn du eine runde Badebombenform verwendest, überfüllst du jetzt beide Hälften mit der leicht angedrückten Masse.

Überfüllte Halbkugeln.

4 Jetzt vorsichtig beide Halbkugeln aufeinanderlegen und stark anpressen. Ein Teil der Masse wird wegfallen.

5 Sehr vorsichtig zuerst nur eine der Halbkugeln entfernen und die Konsistenz und das Zusammenhalten der Masse überprüfen.

Eine Seite der Kugel.

6 Vorsichtig die andere Kugelhälfte entfernen und die Badebombe auf eine glatte Unterlage gleiten lassen.

Die Badebombe ist fertig!

7 Die Badebombe jetzt ungestört für mindestens 24 Stunden an einem trockenen Ort ruhen lassen.
Wenn du einen Eiswürfelbehälter verwendest, musst du die Masse sehr gut hineindrücken. Dann kurz Druck ausüben und vorsichtig ausformen.

MINI-BADEBOMBEN

Erholsamer Wannenspaß mit Pflegefaktor!

Einkaufszettel für ca. 100 g

42 g Natron

8 g Epsom-Salz

18 g weiße oder rosa Tonerde

18 g Zitronensäurepulver

14 g Neutralöl

optional: 10 Tropfen ätherische Öle nach Belieben; Vorschlag: Lavendel zum Entspannen, Rosengeranie bei Stress, Mandarine zur Stimmungsaufhellung

TAUSCH-OPTIONEN:
Neutralöl: Kokosöl oder ein Pflanzenöl nach Wahl

Zubehör

Küchenwaage

Schüssel oder Messbecher

Eiswürfelbehälter oder Badebombenform (keine flexiblen Formen)

TIPP
Am besten gleich größere Mengen herstellen und das Rezept vervielfachen!

Anleitung

- Alle Rohstoffe bis auf das Öl und die ätherischen Öle in die Schüssel wiegen und gut miteinander verrühren.
- Wer eine Kaffee- bzw. Gewürzmühle hat, kann darin alle Zutaten pulverisieren.
- Öl und ätherische Öle langsam hinzufügen und mit behandschuhten Händen verkneten. Die Konsistenz sollte wie feuchter Sand sein.
- Sehr kompakt in eine (steife) Form/Förmchen füllen und kurz gut andrücken.
- Vorsichtig herauslösen und für mindestens 24 Stunden trocknen lassen.
- Vorsichtig in Behälter legen (zum Beispiel ein ausgedientes Marmeladenglas) oder in Zellophantüten verpacken.

Anwendung

- Beim Baden: Je nach Größe ein oder mehrere Badebomben ins warme Badwasser geben und genießen. Achtung: Badewanne kann rutschig werden!
- Hinterher die Haut nur vorsichtig trocken tupfen, damit das Öl auf der Haut verbleiben kann.

Aufbewahrung

- Gut verschlossen und trocken bei Zimmertemperatur in einer Tüte oder Glas mit Deckel.

IN DER ROSA BADE-
BOMBE WURDE ETWAS ROSA
TONERDE VERWENDET. DIE MASSE
DER HINTEREN BADEBOMBEN SIEHT
ETWAS GROBKÖRNIGER AUS, DA SIE
NICHT GEMAHLEN WURDE.

SCHÄUMENDE BADEBOMBE

Sprudelnd schäumender Badegenuss!

Einkaufszettel für 200 g

76 g Natron

60 g Zitronensäurepulver

48 g Epsom-Salz

16 g Sodium Cocoyl Isethionate

70%iger Alkohol in Sprühflasche (ich empfehle hier Weingeist)

optional: 20–30 Tropfen ätherische Öle nach Belieben (Lavendel zum Entspannen, Rosengeranie bei Stress, Mandarine zur Stimmungsaufhellung)

Zubehör

Küchenwaage

Schüssel oder Messbecher

(Silikon-)Spatel

Eiswürfelbehälter oder Badebombenform (keine flexiblen Formen)

TIPP

Am besten 70%igen Weingeist zum Besprühen verwenden.

Anleitung

- Alle Zutaten bis auf die ätherischen Öle in die Schüssel wiegen und gut miteinander verrühren.
- Wer eine Kaffee- bzw. Kräutermühle hat, kann darin alle Zutaten pulverisieren.
- Ätherische Öle langsam hinzufügen und mit behandschuhten Händen verkneten.
- Zwischendurch die Masse ein paar Mal mit Alkohol besprühen, sodass die Konsistenz wie leicht feuchter Sand ist (keine Angst: Der Alkohol verfliegt beim Trocknen) und beim Pressen etwas zusammenhält.
- Sehr kompakt in eine (steife) Form/Förmchen füllen und kurz gut andrücken.
- Vorsichtig herauslösen und für mindestens 24 Stunden trocknen lassen.
- Behutsam in Behälter legen (zum Beispiel ein ausgedientes Marmeladenglas) oder in Zellophantüten verpacken.

Anwendung

- Beim Baden: Je nach Größe ein oder mehrere Badebomben ins warme Badwasser geben und genießen!

Aufbewahrung

- Gut verschlossen und trocken bei Zimmertemperatur in einer Tüte oder Glas mit Deckel.

BADEBOMBE MIT KOKOSMILCHPULVER

Für schmeichelnd zarte Haut, auch für die Kleinsten geeignet.

Einkaufszettel für 200 g

- 104 g Natron
- 56 g Zitronensäurepulver
- 20 g Kokosmilchpulver
- 20 g Weinsteinpulver
- 70%iger Alkohol in Sprühflasche (ich empfehle hier Weingeist)
- ohne ätherische Öle – der zarte Kokosgeruch überzeugt auch solo

Zubehör

- Küchenwaage
- Schüssel oder Messbecher
- (Silikon-)Spatel
- Eiswürfelbehälter oder Badebombenform (keine flexiblen Formen)

Anleitung

- Alle Zutaten in die Schüssel wiegen und gut miteinander verrühren.
- Wer eine Kaffee- bzw. Kräutermühle hat, kann darin alle Zutaten pulverisieren.
- Zwischendurch die Masse ein paar Mal mit Alkohol besprühen, sodass die Konsistenz wie leicht feuchter Sand ist (keine Angst: Der Alkohol verfliegt beim Trocknen) und beim Pressen etwas zusammenhält.
- Sehr kompakt in eine (steife) Form/Förmchen füllen und für eine Minute gut andrücken.
- Vorsichtig herauslösen und für mindestens 24 Stunden trocknen lassen.
- Behutsam in Behälter legen (zum Beispiel ein ausgedientes Marmeladenglas) oder in Zellophantüten verpacken.

Anwendung

- Beim Baden: Je nach Größe ein oder mehrere Badebomben ins warme Badwasser geben und genießen!

Aufbewahrung

- Gut verschlossen und trocken bei Zimmertemperatur in einer Tüte oder Glas mit Deckel.

FÜR DEN FARBEFFEKT DIE HÄLFTE DER MASSE MIT EINEM ESSLÖFFEL ROSA TONERDE EINFÄRBEN.

BADEBOMBEN „BASIC“

Der Klassiker unter den Badebomben erfordert etwas Geduld und Gefühl.

Einkaufszettel für 200 g

- 100 g Natron
- 50 g Zitronensäurepulver
- 50 g Maisstärke
- 70%iger Alkohol in Sprühflasche (ich empfehle hier Weingeist)
- **optional**: 20 Tropfen ätherische Öle nach Belieben (Lavendel zum Entspannen, Rosengeranie bei Stress, Mandarine zur Stimmungsaufhellung)

Zubehör

- Küchenwaage
- Schüssel oder Messbecher
- Eiswürfelbehälter oder Badebombenform (keine flexiblen Formen)
- Behälter oder Tüte zum Aufbewahren

TIPP
Maisstärke kann durch eine beliebige kosmetische Stärke ersetzt werden.

Anleitung

- Alle Zutaten bis auf die ätherischen Öle in die Schüssel wiegen und gut miteinander verrühren.
- Wer eine Kaffee- bzw. Kräutermühle hat, kann darin alle Zutaten pulverisieren.
- Ätherische Öle langsam hinzufügen und mit behandschuhten Händen verkneten.
- Zwischendurch die Masse ein paar Mal mit Alkohol besprühen, sodass die Konsistenz wie leicht feuchter Sand ist (keine Angst: Der Alkohol verfliegt beim Trocknen) und beim Pressen etwas zusammenhält.
- Sehr kompakt in eine (steife) Form/Förmchen füllen und für eine Minute gut andrücken.
- Vorsichtig herauslösen und für mindestens 24 Stunden trocknen lassen.
- Behutsam in Behälter legen (zum Beispiel ein ausgedientes Marmeladenglas) oder in Zellophantüten verpacken.

Anwendung

- Beim Baden: Je nach Größe ein oder mehrere Badebomben ins warme Badwasser geben und genießen!

Aufbewahrung

- Gut verschlossen und trocken bei Zimmertemperatur in einer Tüte oder Glas mit Deckel.

REINIGUNGSPULVER FÜRS GESICHT

Ausgesprochen sanfte Hautreinigung für alle Hauttypen!

Einkaufszettel für 50 g

23 g Maisstärke

20 g weiße Tonerde

4 g rosa Tonerde

3 g Sodium Cocoyl Isethionate

TAUSCH-OPTIONEN:
Maisstärke: andere kosmetische Stärken, wie zum Beispiel Reispulver

Zubehör

Küchenwaage

Schüssel oder Messbecher

Behälter zum Befüllen

Anleitung

- Alle Rohstoffe in die Schüssel wiegen und gut miteinander verrühren.
- Kann auch im aufzubewahrenden Gefäß (gut verschlossen) kräftig durchgeschüttelt werden.
- In Behälter abfüllen (zum Beispiel ein ausgedientes Marmeladenglas).

Anwendung

- Zur Gesichtsreinigung etwas Pulver auf die angefeuchteten Handflächen geben und sanft das angefeuchtete Gesicht damit einmassieren. Augen aussparen und Haut gut mit Wasser abspülen.

Aufbewahrung

- Gut verschlossen und trocken bei Zimmertemperatur.

PEELINGPULVER FÜRS GESICHT

Rosenblütenblätter geben hier den gewissen Kick!

Einkaufszettel für 50 g

- 2 g Rosenblütenblätter, gemahlen
- 15 g Maisstärke
- 10 g weiße Tonerde
- 23 g Kokosmilchpulver

TAUSCH-OPTIONEN:
Rosenblütenblätter, gemahlen: Beliebiges Pflanzenpulver, das aber sehr fein gemahlen sein muss.

Zubehör

- Küchenwaage
- Schüssel oder Messbecher
- Behälter zum Befüllen

Anleitung

- Alle Rohstoffe in die Schüssel wiegen und gut miteinander verrühren.
- Kann auch im aufzubewahrenden Gefäß (gut verschlossen) kräftig durchgeschüttelt werden.
- In Behälter abfüllen (zum Beispiel ein ausgedientes Marmeladenglas).

Anwendung

- Mehrmals wöchentlich zum Peeling nach der Gesichtsreinigung etwas Pulver auf die angefeuchteten Handflächen geben und sanft das angefeuchtete Gesicht damit massieren. Augen aussparen und Haut gut mit Wasser abspülen.

Aufbewahrung

- Gut verschlossen und trocken bei Zimmertemperatur.

ZAHNPULVER

Mit essbaren Zutaten gegen Karies!

Einkaufszettel für 50 g

- 24 g Schlämmkreide oder Rügener Heilkreide
- 22 g Erythrit oder Xylit (ich empfehle eine Mischung aus beiden)
- 4 g weiße Tonerde
- 8–10 Tropfen Pfefferminzöl
- **optional**: Sodium Cocoyl Isethionate

Zubehör

- Küchenwaage
- Schüssel oder Messbecher
- Behälter zum Befüllen

Anleitung

- Alle Rohstoffe bis auf das ätherische Öl in die Schüssel wiegen und gut miteinander verrühren.
- Wer eine elektrische Kaffee- bzw. Gewürzmühle besitzt, kann auch darin das Pulver sehr fein mahlen (sehr empfehlenswert).
- Kann auch im aufzubewahrenden Gefäß (gut verschlossen) kräftig durchgeschüttelt werden.
- Ätherisches Öl zum Schluss dazu träufeln und klumpenfrei verrühren.
- In Behälter abfüllen (zum Beispiel ein ausgedientes Marmeladenglas).

Anwendung

- Zum Zähneputzen etwas Zahnpulver auf die feuchte Zahnbürste geben oder die Zahnbürste in das Pulver tauchen (nicht zu empfehlen, wenn das Zahnpulver mit anderen geteilt wird – dann sollte lieber jede/r ein eigenes Gläschen Pulver benutzen).
- Zähne wie üblich putzen und Mund gründlich ausspülen.

Aufbewahrung

- Gut verschlossen und trocken bei Zimmertemperatur.

TIPP

- Menge am besten auf zwei kleine Gläser verteilen und das zweite Glas bis zur Benutzung im Kühlschrank aufbewahren oder verschenken.
- Wer nicht auf Schaum verzichten kann, gibt einfach eine kleine Messerspitze Sodium Cocoyl Isethionate zum Pulver dazu.

FESTE PFLEGE-PRODUKTE

Der zweite Schritt zur schönen Haut sind Pflegeprodukte. Sie sollen die Haut schützen und hauteigene Funktionen unterstützen, ohne dabei beschwerend oder fettig zu wirken. Dafür werden Öle, Wachse und Fettalkohole miteinander kombiniert. Es sind äußerst konzentrierte Produkte, die am besten auf die leicht feuchte Haut aufgetragen werden sollten. Auch hier gilt das Motto: Weniger ist mehr.

AUFGABEN

Feste Pflegeprodukte sollen unsere Haut und Lippen regenerieren, vor Umwelteinflüssen schützen, Feuchtigkeit in der Haut halten, Irritationen lindern und rauer, trockener Haut vorbeugen. Ursprünglich kommen Pflegesticks aus dem Bereich Make-up und Sonnenpflege. Sie sind klein und praktisch, zum Mitnehmen geeignet und auf Reisen unentbehrlich. Spezielle Pflegeöle wie Jojobaöl, Arganöl oder Mandelöl, gepaart mit Butter (Sheabutter, Mangobutter oder Kakaobutter) ergeben zusammen mit ausgewählten Pflanzenwachsen und Konsistenzgebern ein Kosmetikum, das vor allem gestörter Haut zugutekommt. In herkömmlicher Kosmetik wird Wasser als Grundbestandteil benutzt und ist oft nur ein billiger Füllstoff. Unsere wasserfreien Pflegeprodukte helfen dagegen, das der Haut eigene Wasser zu bewahren. Da die Formeln reichhaltig sind und bis zum völligen Einziehen einen leichten Film hinterlassen, halten sie das Wasser in der Haut fest.

AUFGEPASST

Bei Produkten, die auf der Haut verbleiben, ist die richtige Wahl von ätherischen Ölen besonders wichtig. Insbesondere Öle von Zitrusfrüchten müssen vermieden werden, da sie die Lichtempfindlichkeit der Haut erhöhen (Photosensibilität) und Hautreizungen hervorrufen können. Sie sind besser in Formulierungen aufgehoben, die wieder von der Haut abgespült werden.

Aufbewahrung

Auch bei festen Pflegeprodukten solltest du unbedingt auf eine saubere, trockene und kühle Lagerung (nicht über Zimmertemperatur) achten. Wenn es besonders heiß sein sollte, könnten bestimmte Produkte anfangen zu schmelzen. Am besten dann für eine Weile in den Kühlschrank legen und 10 Minuten vor Einsatz herausholen. Besonders hygienisch sind Produkte in einer Papphülse zum Hochschieben, denn nur der obere Teil kommt mit der Haut und dem Sauerstoff in der Luft in Kontakt. Nach dem Aufbrauchen solcher verpackten Produkte kann die Papphülse auf dem Kompost landen und erzeugt keinen Müll. Aber auch leere, sauber ausgespülte und desinfizierte Gläser und Tiegel kannst du zur Aufbewahrung nehmen. Auch das feste Einwickeln in Butterbrotpapier, gesichert mit einem Gummi oder einer Kordel, ist denkbar.

Rohstoffübersicht für Pflegeprodukte

Name	INCI	Funktion
Arganöl	Argania Spinosa Kernel Oil	Emollient, Einsatz bei trockener, alternder Haut, aber auch bei Akne und Allergien
Avocadoöl	Persea Gratissima Oil	Emollient, Einsatz bei rissiger und trockener Haut
Beerenwachs	Rhus Verniciflua (Peel) Cera	Konsistenzgeber, Ko-Emulgator, nicht klebrig wirkend
Behenylalkohol	Behenyl Alcohol	Fettalkohol, (Ko-)Emulgator, Konsistenzgeber
Conditioner Cosme-Green ES1822+	Arachidyl/Behenyl Betainate Esylate (and) Arachidyl/Behenyl Alcohol	Emulgator, konditionierend
Decalact Deo	Sodium Caproyl/Lauroyl Lactylate, Triethyl Citrate, Salvia Officinalis Oil	Mischung mit antibakterieller Wirkung, desodorisierender Wirkstoff
Jojobaöl	Simmondsia Chinensis Seed Oil	universell einzusetzendes Emollient (eigentlich ein Wachs), geeignet für alle Hauttypen
Kakaobutter	Theobroma Cacao Seed Butter	Emollient, hautpflegend
Kieselgur	Diatomaceous Earth	Mineralerde, absorbierend, geruchsbindend
Kokosöl	Cocos Nucifera Oil	Emollient, hautpflegend
Magnesiumstearat (auf palmölfreie Variante achten)	Magnesium Stearate	erhöht die Haftkraft von Pudern auf der Haut und verhindert das Stauben
Maisstärke (auf kosmetische Qualität achten)	Zea Mays Starch	Füllstoff, ölabsorbierend, Alternative zu Talkum
Mandelöl	Prunus Amygdalus Dulcis Oil	universell einzusetzendes Emollient, Massageöl
Mangobutter	Mangifera India Seed Butter	Emollient, hautpflegend
Neutralöl	Caprylic/Capric Triglyceride	Emollient, hautpflegend
Reiskleiewachs	Oryza Sativa Bran Wax	Konsistenzgeber, Ko-Emulgator
Rizinusöl	Ricinus Communis Seed Oil	Emollient, besonders gegen spröde Lippen und Haut
Sheabutter	Butyrospermum Parkii Butter	Emollient, hautpflegend
Weiße Tonerde	Kaolin	Putz- und Schleifkörper, absorbierend
Zinc Ricinoleate	Zinc Ricinoleate	geruchsbindende Substanz, desodorisierender Wirkstoff
Zitronensäureester	Triethyl Citrate	desodorisierender Wirkstoff

#machsnachhaltig

SCHRITT FÜR SCHRITT ZUM (DEO-)STICK

Alle Arbeitsgeräte und Zutaten (von links nach rechts und oben nach unten): Papphülse zum Hochdrücken, Töpfchen mit Silikonspatel, Mangobutter, Behenylalkohol, Beerenwachs, Neutralöl, Stärke, Kieselgur, Zitronensäureester, Zinc Ricinoleate.

Alle öllöslichen Rohstoffe (außer dem Zitronensäureester und den ätherischen Ölen) befinden sich jetzt im Töpfchen.

1. Zunächst Staubmaske und Einmalhandschuhe anziehen und alle Gerätschaften mit Alkohol besprühen. Gemäß Rezept alle Zutaten bis auf die Pulver und ätherischen Öle in ein feuerfestes Töpfchen nacheinander einwiegen. Nach jedem Rohstoff die Tara-Funktion betätigen.

2. Jetzt auf der Hitzequelle langsam und vorsichtig erhitzen und am Anfang hin und wieder umrühren. Wer ein Bratenthermometer besitzt, kann damit – bitte vorher desinfizieren – von Zeit zu Zeit die Temperatur überprüfen (nicht über 85 °C gehen). Die Masse muss vollständig aufgeschmolzen und klar sein.

Die Masse ist klar aufgeschmolzen.

3 Nun das Töpfchen vom Herd nehmen und die restlichen Zutaten (Stärke, Kieselgur, Zitronensäureester und ätherische Öle) dazu geben.

Alle Rohstoffe befinden sich jetzt im Töpfchen.

4 Nun solange rühren, bis eine homogene Masse entsteht und sie etwas abkühlt.

Jetzt ist die Masse fertig und kann in die Papphülse gegossen werden.

5 Sehr vorsichtig die Masse unter ständigem Rühren (damit es keinen Bodensatz gibt) in die Papphülse gießen, bis nicht ganz zum Rand. Für mindestens 10 Minuten in den Kühlschrank zum Aushärten stellen; restliche Masse warm (flüssig) halten.

Hier erkennt man ein Senkloch in der Mitte, das noch aufgefüllt werden muss.

6 Nun mit der restlichen Masse die Hülse vollgießen und nochmals kurz in den Kühlschrank stellen. Den Stift herausholen und Zimmertemperatur annehmen lassen.

LOTION STICK FÜR HÄNDE UND FÜSSE

Kakaobutter verwöhnt trockene Haut!

Einkaufszettel für 50 g

15 g Kakaobutter

9 g Beerenwachs

6 g Reiskleiewachs

10 g Neutralöl

10 g Jojobaöl

Papphülse zum Hochdrücken (Papertube)

TAUSCH-OPTIONEN:
Neutralöl: Kokosöl

Zubehör

Küchenwaage

(beschichtetes) Töpfchen

(Silikon-)Spatel

TIPP
Ohne Duft – die Kakaobutter riecht auch solo lecker!

Anleitung

- Alle Rohstoffe nacheinander in das feuerfeste Töpfchen wiegen (Tara-Funktion).
- Im Wasserbad unter ständigem Rühren sanft erhitzen, bis die Masse aufgeschmolzen und klar ist.
- Vom Herd nehmen, in die Papphülse gießen (etwa bis einen Finger breit unter den Rand) und für 10 Minuten in das Gefrierfach stellen.
- Aus dem Gefrierfach nehmen und den erwärmten, flüssigen Rest bis kurz unter den Rand dazu gießen – das verhindert, dass der Stift in der Mitte ein Senkloch bekommt.
- Für mindestens 10 Minuten nochmals ins Gefrierfach stellen.
- Danach herausnehmen und Zimmertemperatur annehmen lassen.
- Je nach Volumen der Papphülse wird vielleicht etwas Masse übrigbleiben, die aufgehoben und später wieder aufgeschmolzen werden kann.

Anwendung

- Am besten nach dem Duschen mit dem Stift über leicht angefeuchtete Haut, Hände und Füße gleiten und das Produkt zart einmassieren.

Aufbewahrung

- Trocken bei Zimmertemperatur (an sehr heißen Tagen besser im Kühlschrank).

TIPP
Produkte mit Kakaobutter härten noch ca. 3 bis 4 Tage nach – also ein bisschen Geduld mitbringen!

LIPPENPFLEGESTIFT

Nie wieder raue, ausgetrocknete Lippen!

Einkaufszettel für 50 g – die Menge reicht für ca. vier 10 ml Hülsen

- 10 g Rizinusöl
- 10 g Jojobaöl
- 15 g Mandelöl
- 5 g Reiskleiewachs
- 8 g Beerenwachs
- 2 g Behenylalkchol
- Lip Balm Papertubes (oder andere Hülsen)

TAUSCH-OPTIONEN:

- Reiskleiewachs: Carnauba-Wachs (Konsistenz könnte ein bisschen unterschiedlich werden)
- Mandelöl: Olivenöl, Aprikosenkernöl

Zubehör

- Küchenwaage
- (beschichtetes) Töpfchen
- (Silikon-)Spatel

Anleitung

- Alle Rohstoffe nacheinander in das feuerfeste Töpfchen wiegen (Tara-Funktion).
- Im Wasserbad unter ständigem Rühren sanft erhitzen, bis die Masse aufgeschmolzen und klar ist.
- Vorsichtig in die Hülsen gießen, nicht ganz bis zum Rand.
- Für 10 Minuten in das Gefrierfach stellen.
- Inzwischen den Rest der Masse warm (flüssig) halten oder wieder aufschmelzen.
- Aus dem Gefrierfach nehmen und bis zum Rand mit flüssiger Masse auffüllen. Das verhindert die Entstehung des Senklochs, das sich bildet.
- Fall etwas von der Masse übrig sein sollte, einfach in einem kleinen Döschen oder Gläschen aufbewahren und beim nächsten Mal mit einschmelzen.
- Für mindestens 30 Minuten in den Kühlschrank stellen.
- Hülsen aus dem Kühlschrank herausnehmen und über Nacht aushärten lassen.

Anwendung

- Wenn erforderlich auf die Lippen auftragen.

Aufbewahrung

- Trocken bei Zimmertemperatur (an sehr heißen Tagen besser im Kühlschrank). Im Sommer bitte nicht im heißen Auto liegen lassen.

DEOSTICK

Sanft zu den Achseln, stark gegen Geruch!

Einkaufszettel für 50 g

- 10 g Mangobutter
- 3 g Behenylalkohol
- 3 g Beerenwachs
- 15 g Neutralöl
- 1 g Zinc Ricinoleate
- 3 g Zitronensäureester
- 10 g Kieselgur (ImerCare 400D™, Diatomeenerde)
- 5 g Maisstärke
- Papphülse zum Hochdrücken (Papertube)
- **optional**: Decalact Deo (es ist ein bisschen schwer zu dosieren; ungefähr ein Achtel Teelöffel auf 50 g, das entspricht in etwa 1 %; oder mit einer Feinwaage 0,50 g abwiegen)
- ätherische Öle: Empfehlenswert ist eine Mischung aus 6 Teilen Bergamotte plus 5 Teilen Rosengeranie plus 5 Teilen Lavendel plus 4 Teilen Patchouli, davon 10 Tropfen.

Zubehör

- Küchenwaage
- (beschichtetes) Töpfchen
- (Silikon-)Spatel

Anleitung

- Alle Rohstoffe bis auf die pulverförmigen und ätherischen Öle/Decalact Deo nacheinander in das feuerfeste Töpfchen wiegen (Tara-Funktion).
- Im Wasserbad unter ständigem Rühren sanft erhitzen, bis die Masse aufgeschmolzen und klar ist.
- Vom Herd nehmen und die Pulver, ätherischen Öle/Decalact Deo dazu wiegen.
- Alles sehr gut miteinander verrühren (am besten geht ein kleiner Schneebesen), bis die Masse klumpenfrei ist.
- Nun in die Papphülse gießen (etwa bis einen Finger breit unter den Rand) und für 10 Minuten in das Gefrierfach stellen.
- Aus dem Gefrierfach nehmen und den erwärmten Rest bis kurz unter den Rand dazu gießen – das verhindert, dass der Stift in der Mitte ein Senkloch bekommt.
- Jetzt für 30 Minuten in den Kühlschrank damit.
- Danach herausnehmen und Zimmertemperatur annehmen lassen.
- Je nach Volumen der Papphülse wird vielleicht etwas Masse übrigbleiben, welche aufgehoben und später wieder sanft aufgeschmolzen werden kann.

Anwendung

- Am besten nach dem Duschen anwenden und mit dem Stift leicht über die sauberen, trockenen Achselhöhlen streichen.

Aufbewahrung

- Trocken bei Zimmertemperatur (an sehr heißen Tagen besser im Kühlschrank.

TIPP

Am besten vorher eine Mischung der ätherischen Öle herstellen und in ein kleines Braunglasfläschchen mit Pipette abfüllen.

DAS BEFÜLLEN VON PAPP-HÜLSEN IST NICHT IMMER GANZ EINFACH. FALLS DU EIN BISSCHEN GEKLECKERT HAST, HILFT EIN SCHÖNES ETIKETT.

MASSAGE BAR FÜR DEN KÖRPER

Für ein ausgedehntes Wohlgefühl – mit Mango- und Sheabutter!

Einkaufszettel für 50 g

10 g Mangobutter
5 g Reiskleiewachs
7 g Beerenwachs
16 g Neutralöl
12 g Sheabutter
optional: ätherische Öle; Vorschlag: 2 Tropfen Ylang-Ylang und 6 Tropfen Rosengeranie

TAUSCH-OPTIONEN:
Reiskleiewachs: Carnauba-Wachs (Konsistenz könnte ein bisschen unterschiedlich werden)

Zubehör

Küchenwaage
(beschichtetes) Töpfchen
(Silikon-)Spatel
Silikonförmchen

Anleitung

- Alle Rohstoffe bis auf die Sheabutter und die ätherischen Öle nacheinander in das feuerfeste Töpfchen wiegen (Tara-Funktion).
- Im Wasserbad unter ständigem Rühren sanft erhitzen, bis die Masse aufgeschmolzen und klar ist.
- Vom Herd nehmen und die Sheabutter dazu wiegen.

TIPP
(Kork-)Untersetzer auf die Waage und dann das Töpfchen drauf!

- Sheabutter sanft schmelzen lassen und alles nochmal gut durchrühren.
- Vom Herd nehmen, etwas abkühlen lassen und die ätherischen Öle dazu träufeln.
- Nochmals gut durchrühren, ins Förmchen gießen und für 10 Minuten in das Tiefkühlfach legen.
- Danach aus dem Förmchen nehmen und Zimmertemperatur annehmen lassen.

Anwendung

- Mit dem Bar zart über die Haut streichen und sanft einmassieren (lassen).

Aufbewahrung

- Trocken bei Zimmertemperatur (an sehr heißen Tagen besser im Kühlschrank), in etwas Papier einwickeln oder in ein ausgedientes Gefäß (gespült und desinfiziert) legen.

FACE MELT

Eine Portion Extrapflege für stark beanspruchte Haut!

Einkaufszettel für 50 g

15 g Arganöl

8 g Behenylalkohol

3 g Reiskleiewachs

6 g Mandelöl

8 g Jojobaöl

10 g Mangobutter

optional: ätherische Öle. Vorschlag: 2 Tropfen Lavendel und 2 Tropfen Rosengeranie

TIPP
Da es sich um ein Produkt fürs Gesicht handelt, solltest du die ätherischen Öle sehr sparsam dosieren!

Zubehör

Küchenwaage

(beschichtetes) Töpfchen

(Silikon-)Spatel

kleine Silikonförmchen

TIPP
Am besten mehrere kleine Melts herstellen und die restlichen gut verpackt im Kühlschrank aufbewahren.

Anleitung

- Alle Rohstoffe bis auf die ätherischen Öle nacheinander in das feuerfeste Töpfchen wiegen (Tara-Funktion).
- Im Wasserbad unter ständigem Rühren sanft erhitzen, bis die Masse aufgeschmolzen und klar ist.
- Vom Herd nehmen und die ätherischen Öle dazu träufeln.
- Nochmals gut durchrühren, ins Förmchen gießen und für 10 Minuten in das Tiefkühlfach legen.
- Danach aus dem Förmchen nehmen und Zimmertemperatur annehmen lassen.

Anwendung

- Morgens und/oder abends mit dem Melt über die gereinigte, leicht angefeuchtete Haut gleiten und Produkt sanft einklopfen.

Aufbewahrung

- Trocken bei Zimmertemperatur (an sehr heißen Tagen besser im Kühlschrank), in etwas Papier einwickeln oder in ein ausgedientes Gefäß (gespült und desinfiziert) legen.

CONDITIONER BAR

Besonders praktisch – nicht nur auf Reisen!

Einkaufszettel für 50 g

30 g Conditioner CosmeGreen ES1822+ (Arachidyl/Behenyl Betainate Esylate (and) Arachidyl/Behenyl Alcohol)

6 g Avocadoöl

7 g Mangobutter

5 g Kakaobutter

2 g Maisstärke

optional: ätherische Öle. Vorschlag: 5 Tropfen Ylang-Ylang und 10 Tropfen Lavendel

TAUSCH-OPTIONEN:
Avocadoöl: Arganöl, Mandelöl etc.

Zubehör

Küchenwaage

(beschichtetes) Töpfchen

(Silikon-)Spatel

kleine Silikonförmchen

Anleitung

- Alle Rohstoffe nacheinander bis auf die ätherischen Öle in das feuerfeste Töpfchen wiegen (Tara-Funktion).
- Im Wasserbad unter ständigem Rühren sanft erhitzen, bis die Masse aufgeschmolzen und klar ist.
- Vom Herd nehmen und die ätherischen Öle dazu träufeln und nochmals gut durchrühren.
- In ein Silikonförmchen gießen und für mehrere Stunden ins Gefrierfach stellen.
- Danach aus dem Förmchen nehmen und Zimmertemperatur annehmen lassen.

Anwendung

- Nach dem Haarewaschen mit dem Bar entweder sanft in Wuchsrichtung über die Haare streichen oder mit den Händen etwas vom Produkt in die Haarspitzen verteilen. Der Bar schäumt nicht! Etwas einwirken lassen und gut ausspülen.

Aufbewahrung

- Trocken bei Zimmertemperatur.

FESTER HAARBALSAM

Professionelles Styling für nasses oder trockenes Haar!

Einkaufszettel für 50 g

- 25 g Sheabutter
- 9 g Mangobutter
- 7 g Beerenwachs
- 4 g Neutralöl
- 5 g Reiskleiewachs
- **optional**: ätherische Öle. Vorschlag: 2 Tropfen Patchouli und 2 Tropfen Ylang-Ylang

Zubehör

- Küchenwaage
- (beschichtetes) Töpfchen
- (Silikon-)Spatel
- kleine Silikonförmchen

Anleitung

- Alle Rohstoffe bis auf die ätherischen Öle nacheinander in das feuerfeste Töpfchen wiegen (Tara-Funktion).
- Im Wasserbad unter ständigem Rühren sanft erhitzen, bis die Masse aufgeschmolzen und klar ist.
- Vom Herd nehmen und die ätherischen Öle dazu träufeln und nochmals gut durchrühren.
- In ein Silikonförmchen gießen und für mehrere Stunden ins Gefrierfach stellen.
- Danach aus dem Förmchen nehmen und Zimmertemperatur annehmen lassen.

Anwendung

- Entweder nach dem Haarewaschen sanft ein paar Mal mit dem Bar über das nasse Haar fahren oder etwas Produkt in die Handflächen reiben und das trockene Haar wie üblich stylen. Bei trockenem Haar und Spliss ein wenig in die Spitzen und Haarlängen verteilen.

Aufbewahrung

- Trocken bei Zimmertemperatur (an sehr heißen Tagen besser im Kühlschrank), in etwas Papier einwickeln oder in ein ausgedientes Gefäß (gespült und desinfiziert) legen.

LIPGLOSS IM TIEGEL

Für ein bisschen Glamour!

Einkaufszettel für 50 g

6 g Beerenwachs

16 g Rizinusöl

15 g Jojobaöl

13 g Mandelöl

TAUSCH-OPTIONEN:
Mandelöl: Avocadoöl oder Kokosöl

Zubehör

Küchenwaage

(beschichtetes) Töpfchen

(Silikon-)Spatel

kleine (Glas)Tiegel, 15 ml oder 30 ml

TIPP
Wer es farbig mag, kann nach dem Aufschmelzen 2–4 g Pigment (Mica, für Lippenpflege zugelassen) hinzugeben und alles sehr gut miteinander verrühren.

Anleitung

- Alle Rohstoffe nacheinander in das feuerfeste Töpfchen wiegen (Tara-Funktion).
- Im Wasserbad unter ständigem Rühren sanft erhitzen, bis die Masse aufgeschmolzen und klar ist.
- Vom Herd nehmen und direkt ins die Tiegel gießen und für 10 Minuten in das Tiefkühlfach legen.
- Danach herausnehmen und Zimmertemperatur annehmen lassen.
- Menge reicht für zwei 15 ml Tiegel (nicht ganz voll).

Anwendung

- Mit sauberen Fingern ein wenig entnehmen und auf die Lippen tupfen.

Aufbewahrung

- Trocken bei Zimmertemperatur.

GESICHTSBALSAM IM TIEGEL

Für alle, die es ein wenig reichhaltiger mögen.

Einkaufszettel für 50 g

8 g Mangobutter

5 g Beerenwachs

12 g Jojobaöl

10 g Neutralöl

8 g Arganöl

7 g Mandelöl

50 ml Tiegel oder Döschen

optional: ätherische Öle. Vorschlag: 2 Tropfen Lavendel und 2 Tropfen Patchouli

TAUSCH-OPTIONEN:
Mandelöl: Avocadoöl

Zubehör

Küchenwaage

(beschichtetes) Töpfchen

(Silikon-)Spatel

TIPP
Da es sich um ein Produkt fürs Gesicht handelt, musst du die ätherischen Öle sehr sparsam dosieren.

Anleitung

- Alle Rohstoffe bis auf die ätherischen Öle nacheinander in das feuerfeste Töpfchen wiegen (Tara-Funktion).
- Im Wasserbad unter ständigem Rühren sanft erhitzen, bis die Masse aufgeschmolzen und klar ist.
- Vom Herd nehmen und ätherische Öle dazu geben, nochmals gut umrühren.
- Für mindestens 10 Minuten in den Kühlschrank legen.
- Danach herausnehmen und Zimmertemperatur annehmen lassen.

Anwendung

- Mit sauberen Fingern ein wenig entnehmen und sanft auf die feuchte Gesichtshaut auftragen.

Aufbewahrung

- Trocken bei Zimmertemperatur.

KÖRPERBALSAM IM TIEGEL

Eine Portion Extrapflege für raue Körperstellen!

Einkaufszettel für 50 g

- 3 g Beerenwachs
- 11 g Rizinusöl
- 7 g Mandelöl
- 7 g Kokosöl
- 2 g Reiskleiewachs
- 20 g Neutralöl
- 50 ml Tiegel oder Döschen
- **optional**: ätherische Öle. Vorschlag: 3 Tropfen Lavendel und 2 Tropfen Rosengeranie

TAUSCH-OPTIONEN:
Kokosöl: Öl nach Wahl

Zubehör

- Küchenwaage
- (beschichtetes) Töpfchen
- (Silikon-)Spatel

TIPP
Bei rauen, aufgesprungenen Händen den Balsam dick auftragen, dünne Baumwollhandschuhe anziehen und über Nacht einwirken lassen.

Anleitung

- Alle Rohstoffe bis auf die ätherischen Öle nacheinander in das feuerfeste Töpfchen wiegen (Tara-Funktion).
- Im Wasserbad unter ständigem Rühren sanft erhitzen, bis die Masse aufgeschmolzen und klar ist.
- Vom Herd nehmen und ätherische Öle dazu geben, nochmals gut umrühren.
- Für mindestens 10 Minuten in den Kühlschrank legen.
- Danach herausnehmen und Zimmertemperatur annehmen lassen.

Anwendung

- Mit sauberen Fingern ein wenig entnehmen und auf raue Stellen (Ellbogen, Hände, Knie ...) einmassieren.

Aufbewahrung

- Trocken bei Zimmertemperatur.

DEOBALSAM IM TIEGEL

Cremig, zart und duftend!

Einkaufszettel für 50 g

- 10 g Mangobutter
- 3 g Beerenwachs
- 22 g Neutralöl
- 1 g Zinc Ricinoleate
- 3 g Zitronensäureester
- 9 g Kieselgur
- 2 g Maisstärke
- **optional**: Decalact Deo (es ist ein bisschen schwer zu dosieren; ungefähr ein Achtel Teelöffel auf 50 g, das entspricht in etwa 1 %; oder mit einer Feinwaage 0,5 g abwiegen)
- ätherische Öle: Empfehlenswert ist eine Mischung aus 6 Teilen Bergamotte plus 5 Teilen Rosengeranie plus 5 Teilen Lavendel plus 4 Teilen Patchouli, davon 10 Tropfen

TAUSCH-OPTIONEN:
Maisstärke: Reispuder

Zubehör

- Küchenwaage
- (beschichtetes) Töpfchen
- (Silikon-)Spatel
- Behälter (z. B. ein ausgespültes und desinfiziertes Marmeladengläschen oder ein gekaufter Tiegel)

Anleitung

- Alle Rohstoffe bis auf die pulverförmigen und die ätherischen Öle/Decalact Deo nacheinander in das feuerfeste Töpfchen wiegen (Tara-Funktion).
- Im Wasserbad unter ständigem Rühren sanft erhitzen, bis die Masse aufgeschmolzen und klar ist.
- Vom Herd nehmen und die Pulver plus ätherischen Öle/ Decalact Deo dazu wiegen.
- Alles sehr gut miteinander verrühren (am besten geht ein kleiner Schneebesen), bis die Masse klumpenfrei ist.
- Nun in den Behälter gießen und für 10 Minuten in den Kühlschrank stellen.
- Danach herausnehmen und Zimmertemperatur annehmen lassen.

Anwendung

- Am besten nach dem Duschen. Mit sauberen Fingern ein wenig vom Produkt entnehmen und in die Achselhöhlen streichen.

Aufbewahrung

- Trocken bei Zimmertemperatur (an sehr heißen Tagen besser im Kühlschrank).

TIPP
Am besten vorher eine Mischung der ätherischen Öle herstellen und in ein kleines Braunglasfläschchen mit Pipette abfüllen.

HAARSTYLING-WACHS

Für sie oder ihn – leichter Halt und Pflege in einem!

Einkaufszettel für 50 g

- 10 g Mangobutter
- 5 g Sheabutter
- 30 g Neutralöl
- 5 g Behenylalkohol
- **optional**: ätherische Öle. Vorschlag: 6 Tropfen Lavendel plus 4 Tropfen Patchouli

Zubehör

- Küchenwaage
- (beschichtetes) Töpfchen
- (Silikon-)Spatel
- Behälter (zum Beispiel ein ausgespültes und desinfiziertes Marmeladengläschen oder ein gekaufter Tiegel)

Anleitung

- Alle Rohstoffe bis auf die ätherischen Öle nacheinander in das feuerfeste Töpfchen wiegen (Tara-Funktion).
- Im Wasserbad unter ständigem Rühren sanft erhitzen, bis die Masse aufgeschmolzen und klar ist.
- Vom Herd nehmen und die ätherischen Öle dazu wiegen.
- Nun in den Behälter gießen und für 10 Minuten in den Kühlschrank stellen.
- Danach herausnehmen und Zimmertemperatur annehmen lassen.

Anwendung

- Zum Haarstyling eine erbsengroße Menge in den Händen verreiben und sparsam ins trockene Haar kneten oder bei Spliss in die Haarspitzen verteilen. Dann Haare wie üblich stylen.

Aufbewahrung

- Trocken bei Zimmertemperatur (an sehr heißen Tagen besser im Kühlschrank).

DEOPUDER

Besonders angenehm nach dem Rasieren!

Einkaufszettel für 50 g

- 7 g Maisstärke
- 10 g weiße Tonerde
- 30 g Kieselgur/ImerCare 400D
- 3 g Magnesiumstearat
- ätherische Öle: Empfehlenswert ist eine Mischung aus 6 Teilen Bergamotte plus 5 Teilen Rosengeranie plus 5 Teilen Lavendel plus 4 Teilen Patchouli, davon 10 Tropfen

TAUSCH-OPTIONEN:
Maisstärke: andere kosmetische Stärken, wie zum Beispiel Reispulver

Zubehör

- Küchenwaage
- Schüssel oder Messbecher
- Behälter zum Befüllen

TIPP
Auch einfache Kombinationen ätherischer Öle, wie zum Beispiel Lavendel pur oder Lavendel mit Patchouli oder Rosengeranie, funktionieren.

Anleitung

- Alle Rohstoffe bis auf die ätherischen Öle in die Schüssel wiegen und gut miteinander verrühren.
- Kann auch im aufzubewahrenden Gefäß (gut verschlossen) kräftig durchgeschüttelt werden.
- Ätherische Öle dazu träufeln und alles klumpenfrei miteinander vermengen. Die Unterseite eines desinfizierten Löffels kann dabei helfen.
- In Behälter abfüllen (zum Beispiel ein ausgedientes Marmeladenglas).

Anwendung

- Nach dem Rasieren großzügig auf die Achseln verteilen.
- Im Sommer sehr gut gegen das Schwitzen unter der Brust oder zwischen den Schenkeln geeignet. Wenn der Puder als alleiniges Deodorant verwendet wird, einfach mehrmals über den Tag verteilt auftragen.

Aufbewahrung

- Gut verschlossen und trocken bei Zimmertemperatur.

SEHR EINFACH IST
DAS AUFTRAGEN DES PUDERS
MIT EINER PUDERQUASTE.

FESTE VERWÖHN-PRODUKTE

Was gibt es Schöneres als ein wohlig duftendes Badezimmer, sei es unter der Dusche mit einem aromatischen Shower Steamer, in der Wanne mit einem zart schmelzendem Badetrüffel oder beim Anzünden einer Massagekerze? Das Wohlfühlprogramm steht für maximale Erholung und soll für das Abschalten vom oft hektischen Alltag sorgen. Stress und täglicher Routine wird Kontra gegeben. Unsere hier vorgestellten Wellnessprodukte ersetzen einen teuren Spa-Aufenthalt oder Urlaub.

AUFGABEN

In der heutigen Zeit sind ein bisschen Luxus und Entspannung fester Bestandteil der Haut- und Körperpflege geworden. Feste Wellnessprodukte geben nicht nur der Haut einen Extrakick, sondern sind ein notwendiges Element für Körper und Geist. Wer fühlt sich nicht von Zeit zu Zeit erschöpft, ausgelaugt oder gestresst? Jeder von uns genießt doch gerne eine Extraportion Aufmerksamkeit und Pflege. Sich wohlfühlen ist viel mehr als die Abwesenheit von Unwohlsein und Schmerzen. Es ist ein komplexes System von mentalen, emotionalen, sozialen und gesundheitlichen Faktoren. Sich wohlfühlen und glücklich sein gehen Hand in Hand. Deshalb ist es umso wichtiger, dass du dir eine Auszeit gönnst! Die hier vorgestellten Produkte bewirken genau das. Ein entspannendes Bad, eine pflegende Gesichtsmaske oder ein Körperpeeling lassen ein wohlig warmes und zufriedenes Gefühl aufkommen. Ätherische Öle sorgen hierbei nicht nur für den guten Geruch, sondern haben auch einen therapeutischen Zweck. Mandarine zum Beispiel wirkt stimmungsaufhellend; Lavendel beruhigt und fördert einen guten Schlaf; Bergamotte hilft bei Kopfschmerzen und Konzentrationsstörungen.

Zudem sind die hier vorgestellten Produkte beliebte kleine Mitbringsel, die dem Beschenkten sagen: Du bist es wert!

RECYCLING TIPP: DIE KLEINEN SILICA-GEL-BEUTELCHEN, DIE IN VIELEN VERPACKUNGEN ZU FINDEN SIND, SIND ZUM WEGSCHMEIßEN VIEL ZU SCHADE! SIE MACHEN SICH HERVORRAGEND, UM FEUCHTIGKEIT AUFZUNEHMEN UND SHOWER STEAMER UND CO. TROCKEN ZU HALTEN.

Aufbewahrung

Produkte mit Natron und Zitronensäurepulver sind besonders gegenüber Feuchtigkeit empfindlich. Daher empfiehlt es sich, Shower Steamers oder Foot Soakers in einem gut verschlossenen Gefäß aufzubewahren. Das gleiche gilt für Puder oder Pulver. Immer trocken und kühl lagern. Für Produkte mit Butter, Wachsen und Ölen gelten dieselben Regeln wie für die festen Pflegeprodukte: Bei Zimmertemperatur und gut verpackt aufbewahren, im Sommer eventuell im Kühlschrank. So halten sie sich zwei bis drei Monate. Oft ist es sinnvoller, die Menge zu halbieren bzw. auf zwei Produkte aufzuteilen. So hast du auch immer ein kleines, praktisches Geschenk zur Hand!

Rohstoffübersicht für Verwöhnprodukte

Name	INCI	Funktion
Avocadoöl	Persea Gratissima Oil	Emollient, Einsatz bei rissiger und trockener Haut
Beerenwachs	Rhus Verniciflua (Peel) Cera	Konsistenzgeber
Epsom-Salz	Magnesium Sulfate	entspannend, regenerierend
Glycerin	Glycerin	Feuchthaltemittel, anti-irritant
Himalaya-Salz	Sodium Chloride	weich machend bei hartem Wasser
Jojobaöl	Simmondsia Chinensis Seed Oil	universell einzusetzendes Emollient (eigentlich ein Wachs), geeignet für alle Hauttypen
Kakaobutter	Theobroma Cacao Seed Butter	Emollient, hautpflegend
Kokosmilchpulver	Cocos Nucifera Milk Powder	Emollient, hautpflegend
Magnesiumstearat (auf palmölfreie Variante achten)	Magnesium Stearate	erhöht die Haftkraft von Pudern auf der Haut und verhindert das Stauben
Maisstärke (auf kosmetische Qualität achten)	Zea Mays Starch	Füllstoff, ölabsorbierend, Alternative zu Talkum
Mandelöl	Prunus Amygdalus Dulcis Oil	universell einzusetzendes Emollient, Massageöl
Mangobutter	Mangifera India Seed Butter	Emollient, hautpflegend
Menthol	Menthol	kühlender Effekt, Geruchsträger
Natron	Sodium Bicarbonate	Weichmacher, Hauptinhaltsstoff von Shower Steamers
Neutralöl	Caprylic/Capric Triglyceride	Emollient, hautpflegend
Reiskleiewachs	Oryza Sativa Bran Wax	Konsistenzgeber, Ko-Emulgator
Rizinusöl	Ricinus Communis Seed Oil	Emollient, besonders gegen spröde Lippen und Haut
Rosa Tonerde	Kaolin	Putz- und Schleifkörper, absorbierend
Rosenblütenblätter, gemahlen	*Rosa gallica* L. und *Rosa* × *centifolia* L. Powder	Weichmacher, hautberuhigend
Sheabutter	Butyrospermum Parkii Butter	Emollient, hautpflegend
Sodium Cocoyl Isethionate	Sodium Cocoyl Isethionate	Tensid, Waschmittel
Weinsteinpulver	Tartaric Acid	gibt Härte
Weiße Tonerde	Kaolin	Putz- und Schleifkörper, absorbierend
Xylit (Birkenzucker)	Xylitol	Zuckerersatz (Achtung: Kann tödlich für Hunde und Katzen sein!)
Zitronensäurepulver	Citric Acid	Säure, pH-Wert-Einstellung,
Zucker	Sucrose	Peelingkörper

#machsnachhaltig

SCHRITT FÜR SCHRITT ZUR KERZE

Alle Arbeitsgeräte und Zutaten (von links nach rechts und oben nach unten): Töpfchen mit Silikonspatel, Mangobutter, Sheabutter, Beerenwachs, Reiskleiewachs, Öl, Gefäß für Kerze (ich habe ein Milchkännchen aus Glas mit doppeltem Ausguss genommen), Docht mit Metallplättchen (in der Länge zurechtgeschnitten).

1 Zunächst Einmalhandschuhe anziehen und alle Gerätschaften mit Alkohol besprühen und kurz trocknen lassen. Gemäß Rezept alle Zutaten bis auf die ätherischen Öle in ein feuerfestes Töpfchen nacheinander einwiegen. Nach jedem Rohstoff die Tara-Funktion betätigen!

Alle Rohstoffe befinden sich jetzt im Töpfchen.

Die Masse ist klar aufgeschmolzen.

2 Jetzt auf der Hitzequelle langsam und vorsichtig erhitzen und hin und wieder umrühren. Wer ein Bratenthermometer besitzt, kann damit (bitte vorher desinfizieren) von Zeit zu Zeit die Temperatur überprüfen (nicht über 85 °C gehen). Die Masse muss vollständig aufgeschmolzen und klar sein.

3 Nun das Töpfchen vom Herd nehmen, kurz abkühlen lassen und ätherische Öle hineinträufeln. Dann vorsichtig den Docht in der Mitte der noch flüssigen Masse versenken und gegebenenfalls mithilfe einer Büro- oder Wäscheklammer mittig befestigen.

Der Docht sitzt perfekt in der Mitte mithilfe einer Wäscheklammer!

4 Sehr vorsichtig die Kerze für mindestens 30 Minuten in den Kühlschrank zum Aushärten stellen.

MASSAGEKERZE

Eine Wohltat – nicht nur im Winter!

Einkaufszettel für 50 g

- 30 g Mangobutter
- 14 g Sheabutter
- 3 g Beerenwachs
- 2 g Reiskleiewachs
- 1 g Avocadoöl
- **optional**: ätherische Öle. Vorschlag: 6 Tropfen Lavendel plus 4 Tropfen Patchouli

TAUSCH-OPTIONEN:
Avocadoöl: Mandelöl oder Jojobaöl

Zubehör

- Küchenwaage
- (beschichtetes) Töpfchen
- (Silikon-)Spatel
- 1 oder 2 Dochte mit Metallplättchen
- Behälter für die Kerze – sehr passend sind ein recyceltes Milchkännchen oder ein kleines Kerzenglas

Anleitung

- Alle Rohstoffe bis auf die ätherischen Öle nacheinander in das feuerfeste Töpfchen wiegen (Tara-Funktion).
- Im Wasserbad unter ständigem Rühren sanft erhitzen, bis die Masse aufgeschmolzen und klar ist.
- Vom Herd nehmen, kurz abkühlen lassen und die ätherischen Öle dazu geben.
- Alles sehr gut miteinander verrühren und dann in den Behälter füllen.
- Den Docht (Metallplättchen nach unten) in der Mitte versenken und so befestigen, dass er nicht umkippen kann.
- Für mindestens 30 Minuten in den Kühlschrank stellen.
- Danach herausnehmen und Zimmertemperatur annehmen lassen!

Anwendung

- Zur Massage die Kerze anzünden, einige Minuten brennen lassen und warten, bis sich eine Schicht flüssigen Wachses gebildet hat. Dann vorsichtig die Kerze ausblasen, warten bis sie nicht mehr raucht und die Masse etwas abgekühlt ist. Nun das Öl entweder in die Hände gießen oder direkt auf die zu massierende Körperstelle. Die Massage kann mit Streich-, Knet- oder Klopfbewegungen wie üblich ausgeführt werden.

Aufbewahrung

- Trocken bei Zimmertemperatur lagern.

TIPP
Am besten eine Unterlage (altes Betttuch) unter den Körper legen, falls mal etwas Öl daneben gehen sollte.

AM BESTEN MIT DER
ANGEGEBENEN MENGE
ZWEI KLEINERE MASSAGEKERZEN
HERSTELLEN UND DIE ZWEITE
VERSCHENKEN!
ounces

BADE-MELTS MIT EPSOM-SALZ

Muskelentspannung und Körperpflege in einem!

Einkaufszettel für 100 g

22 g Kakaobutter

6 g Sheabutter

8 g Neutralöl

32 g Epsom-Salz

32 g Sodium Cocoyl Isethionate

optional: 10 Tropfen ätherische Öle nach Belieben. Vorschlag: Lavendel zum Entspannen, Rosengeranie bei Stress, Mandarine zur Stimmungsaufhellung

Zubehör

Küchenwaage

(beschichtetes) Töpfchen

(Silikon-)Spatel

(Silikon-)Förmchen

Schüssel

Anleitung

- Salz und Tensid separat in eine Schüssel wiegen und sehr gut vermischen.
- Wer eine elektrische Kaffee- oder Gewürzmühle hat, kann die Pulver darin zerkleinern.
- Die anderen Rohstoffe bis auf die ätherischen Öle nacheinander in das feuerfeste Töpfchen wiegen (Tara-Funktion).
- Im Wasserbad unter ständigem Rühren sanft erhitzen, bis die Masse aufgeschmolzen und klar ist.
- Vom Herd nehmen, Pulvermischung dazu geben und ätherische Öle dazu träufeln.
- Alles sehr gut miteinander verrühren und dann in Silikonförmchen füllen.
- Für mindestens 30 Minuten in das Gefrierfach legen.
- Danach herausnehmen und Zimmertemperatur annehmen lassen.

Anwendung

- Für ein entspannendes Vollbad je nach Größe ein bis zwei Bade-Melts ins warme Badewasser geben und entspannen. Achtung: Badewanne kann rutschig werden! Hinterher die Haut nur vorsichtig trocken tupfen.

Aufbewahrung

- Trocken in einem Behälter (ausgespültes Marmeladenglas oder ähnliches) oder in einer Tüte, am besten im Kühlschrank.

LECKERES LIPPENPEELING

Mit Birkenzucker (Xylit) – Genuss ohne Reue!

Einkaufszettel für 100 g

5 g Beerenwachs

10 g Jojobaöl

15 g Rizinusöl

20 g Xylit

TAUSCH-OPTIONEN:
Jojobaöl:
Avocadoöl oder Mandelöl

Zubehör

Küchenwaage

(beschichtetes) Töpfchen

(Silikon-)Spatel

kleine (Glas)Tiegel, 15 ml oder 30 ml

Anleitung

- Wachs und Öle nacheinander in das feuerfeste Töpfchen wiegen (Tara-Funktion).
- Im Wasserbad unter ständigem Rühren sanft erhitzen, bis die Masse aufgeschmolzen und klar ist.
- Vom Herd nehmen und Xylit dazu wiegen.
- Alles sehr gut miteinander verrühren.
- Warten, bis sich die Mischung verdickt hat, und erst dann in ein geeignetes Gefäß füllen (sonst setzt sich der Birkenzucker unten etwas ab).
- Für mindestens 30 Minuten in den Kühlschrank stellen.
- Danach herausnehmen und Zimmertemperatur annehmen lassen.

TIPP

Die angegebene Menge reicht für zwei kleine 15 ml Tiegel – einen für dich und der andere für deine beste Freundin oder Freund.

Anwendung

- Ein- bis zweimal pro Woche eine sehr kleine Menge (Fingernagelspitze) mit sanft kreisenden Bewegungen auf die Lippen auftragen und massieren. Die Birkenzuckerkristalle können hinterher gegessen werden – so haben auch die Zähne noch etwas davon.

Aufbewahrung

- Trocken bei Zimmertemperatur.

SCHÄUMENDES PEELING FÜR DEN KÖRPER

Abgestorbene Hautschuppen verschwinden in Windeseile!

Einkaufszettel für 200 g

160 g Zucker

12 g Kokosmilchpulver

20 g Mandelöl

8 g Sodium Cocoyl Isethionate

optional: 20 Tropfen ätherische Öle – entsprechend den verwendeten Blüten und/oder Kräutern

TIPP
Rohrzucker bewirkt ein intensiveres Peeling!

Zubehör

Küchenwaage

Schüssel

Gabel zum Umrühren

Behälter zum Befüllen

Anleitung

- Alle Rohstoffe bis auf das Öl in die Schüssel wiegen und gut miteinander verrühren.
- Öl und ätherische Öle dazu wiegen und alles mit einer sauber desinfizierten Gabel gut durchmengen.
- In Behälter abfüllen (zum Beispiel ein ausgedientes Marmeladenglas).

Anwendung

- Ein- bis zweimal wöchentlich als Peeling. Mit sauberen Fingern wenig Produkt entnehmen und damit raue Körperstellen kreisend massieren. Abspülen und trocken tupfen. Aufpassen, dass kein Wasser in das Produkt gelangt.

Aufbewahrung

- Gut verschlossen und trocken bei Zimmertemperatur, nicht in der Dusche.

PARFÜMBALSAM IM TIEGEL

Duftend und wohlgelaunt durch den Tag!

Einkaufszettel für 25 g

- 3 g Beerenwachs
- 9 g Neutralöl
- 11 g Rizinusöl
- 35 Tropfen Ätherische-Öle-Mischung oder ein natürliches Parfümöl nach Belieben
- 30 ml Tiegel oder Döschen

Zubehör

- Küchenwaage
- (beschichtetes) Töpfchen
- (Silikon-)Spatel

Anleitung

- Alle Rohstoffe bis auf die ätherischen Öle nacheinander in das feuerfeste Töpfchen wiegen (Tara-Funktion).
- Im Wasserbad unter ständigem Rühren sanft erhitzen, bis die Masse aufgeschmolzen und klar ist.
- Vom Herd nehmen, kurz abkühlen lassen und die ätherischen Öle dazu geben; nochmals gut umrühren.
- Für mindestens 10 Minuten in den Kühlschrank legen.
- Danach herausnehmen und Zimmertemperatur annehmen lassen.

Anwendung

- Nach dem Duschen mit sauberen Fingern ein klein wenig entnehmen und auf Handgelenke und im Halsbereich auftragen. Du kannst auch ein kleines bisschen in die trockenen Haarspitzen einkneten (Haare sind ein guter Parfümträger).

Aufbewahrung

- Trocken bei Zimmertemperatur.

TIPP

- Du kannst dir deine eigene Mischung aus ätherischen Ölen folgendermaßen herstellen: 8 Teile Mandarine, 6 Teile Patchouli, 4 Teile Lavendel, 4 Teile Rosengeranie, 3 Teile Ylang-Ylang und 2 Teile Bergamotte. In einem kleinen Braunglasfläschchen mit Pipette ist die Mischung am besten aufbewahrt.
- Es gibt auch Shops, die wunderbare natürliche Parfümöle verkaufen – versuch sie einfach mal!
- Am besten du besorgst dir ein bergapten-freies Bergamotte-Öl – so vermeidest du den Wirkstoff, der für die photosensibilisierenden Eigenschaften verantwortlich ist.

PARFÜMSTICK

Auch unterwegs ein dufter Begleiter!

Einkaufszettel für 30 g

- 4 g Beerenwachs
- 3 g Reiskleiewachs
- 7 g Sheabutter
- 7 g Mangobutter
- 7 g Neutralöl
- 46 Tropfen Ätherische-Öle-Mischung oder ein natürliches Parfümöl nach Belieben (siehe Tipp Seite 104)
- 2 × 10 ml Lip Balm Papertubes

Zubehör

- Küchenwaage
- (beschichtetes) Töpfchen
- (Silikon-)Spatel

Anleitung

- Alle Rohstoffe bis auf die ätherischen Öle nacheinander in das feuerfeste Töpfchen wiegen (Tara-Funktion).
- Im Wasserbad unter ständigem Rühren sanft erhitzen, bis die Masse aufgeschmolzen und klar ist.
- Vom Herd nehmen, kurz abkühlen lassen und die ätherischen Öle dazu wiegen; nochmals umrühren.
- Vorsichtig in die Hülse gießen, nicht ganz bis zum Rand.
- Für 10 Minuten in das Gefrierfach stellen.
- Inzwischen den Rest der Masse warm (flüssig) halten oder wieder aufschmelzen (bei geringer Hitze).
- Aus dem Gefrierfach nehmen und Hülse bis zum Rand mit flüssiger Masse auffüllen. Das verhindert die Entstehung des Senklochs, das sich bildet.
- Für mindestens 30 Minuten in den Kühlschrank stellen.
- Hülse aus dem Kühlschrank herausnehmen und über Nacht aushärten lassen.

Anwendung

- Für ein dezentes Dufterlebnis mit dem Stick über die (saubere) Haut im Nackenbereich, an den Handgelenken etc. fahren.

Aufbewahrung

- Trocken bei Zimmertemperatur – bitte im Sommer nicht im Auto liegen lassen.

AROMATHERAPEUTISCHE SHOWER STEAMERS

Menthol für eine freie Nase und einen klaren Kopf, Lavendelöl zum Entspannen oder Mandarinenöl als Frischekick für Morgenmuffel!

Einkaufszettel für ca. 200 g

- 132 g Natron
- 68 g Zitronensäurepulver
- 3 g Menthol und 5 g ätherisches Pfefferminzöl – oder insgesamt 8 g ätherische Öle nach Belieben

Zubehör

- Küchenwaage
- Schüssel oder Messbecher
- Silikonformen
- Behälter oder Tüte zum Aufbewahren
- Sprühflasche mit 70%igem Alkohol (ich empfehle hier Weingeist)

TIPP

- Das Menthol bitte vorher in den ätherischen Ölen auflösen.
- Wenn du Menthol nicht verträgst oder magst, kannst du 8 g Pfefferminzöl verwenden.
- Je nach Größe der Silikonformen kann die Menge auch verdoppelt werden.

Anleitung

- Alle Zutaten bis auf die ätherischen Öle in die Schüssel wiegen und gut miteinander verrühren.
- Wer eine Kaffee- bzw. Kräutermühle hat, kann darin alle Zutaten pulverisieren.
- Ätherische Öle mit Menthol langsam hinzufügen und mit behandschuhten Händen verkneten.
- Zwischendurch die Masse ein paar Mal mit Alkohol besprühen, sodass die Konsistenz wie leicht feuchter Sand ist (keine Angst – der Alkohol verfliegt beim Trocknen) und beim Pressen etwas zusammenhält.
- In Silikonförmchen füllen (diese müssen nicht unbedingt ganz voll sein) und Masse sehr gut andrücken.
- Für mindestens 12 Stunden trocknen lassen.
- Vorsichtig aus der Silikonform lösen und in Behälter legen (zum Beispiel ein ausgedientes Marmeladenglas) oder in Zellophantüten verpacken.

Anwendung

- Beim Duschen: Den Shower Steamer in eine Ecke der Dusche auf den Boden legen, sodass das Wasser ihn nicht direkt nass spritzen kann. Durch den warmen Wasserdampf löst sich der Steamer langsam auf und gibt den Duft der ätherischen Öle bzw. des Menthols frei.

Aufbewahrung

- Gut verschlossen und trocken bei Zimmertemperatur in einer Tüte oder Glas mit Verschluss.

ALS GESCHENK PASST WUNDERBAR EINE KLEINE FLASCHE ÄTHERISCHEN ÖLS ZUM AUFFRISCHEN DAZU (MIT DER ZEIT KÖNNEN ÄTHERISCHE ÖLE NÄMLICH VERFLIEGEN). EINFACH VOR GEBRAUCH EINIGE TROPFEN AUF DEN STEAMER TRÄUFELN.

EPSOM-SALZ-FUSSBAD-TABLETTEN

Eine Wohltat für müde, abgespannte Füße!

Einkaufszettel für ca. 200 g

- 140 g Epsom-Salz
- 52 g Natron
- 8 g abgekochtes destilliertes Wasser
- 1 g Menthol und 20 Tropfen Pfefferminzöl

TIPP

- Das Menthol bitte vorher in dem ätherischen Öl auflösen.
- Wenn du Menthol nicht verträgst oder magst, kannst du stattdessen 30 Tropfen Pfefferminzöl verwenden.

Zubehör

- Küchenwaage
- Schüssel oder Messbecher
- Silikonformen
- Behälter oder Tüte zum Aufbewahren

Anleitung

- Alle Zutaten bis auf das ätherische Öl in die Schüssel wiegen und gut miteinander verrühren.
- Wer eine Kaffee- bzw. Kräutermühle hat, kann darin alle Zutaten pulverisieren.
- Die Mischung mit Menthol langsam hinzufügen und mit behandschuhten Händen verkneten.
- Wasser Schluck für Schluck dazu geben, sodass die Masse wie feuchter Sand ist und beim Pressen etwas zusammenhält.
- In Silikonförmchen füllen (diese müssen nicht unbedingt ganz voll sein) und Masse sehr gut andrücken.
- Für mindestens 24 Stunden trocknen lassen und nicht berühren.
- Vorsichtig aus der Silikonform lösen und in Behälter legen (zum Beispiel ein ausgedientes Marmeladenglas) oder in Zellophantüten verpacken.

Anwendung

- Für ein Fußbad eine Tablette im warmen Wasser (36 bis 40 °C) auflösen und Füße für etwa 10 Minuten darin baden. Füße abspülen und gut trocknen.

Aufbewahrung

- Gut verschlossen und trocken bei Zimmertemperatur in einer Tüte oder einem Glas mit Verschluss.

BADEPULVER MEDLEY

Schnell gemacht und effektiv – eine tolle Geschenkidee!

Einkaufszettel für 200 g

68 g Natron

68 g Zitronensäurepulver

24 g Epsom-Salz

24 g Sodium Cocoyl Isethionate

16 g Maisstärke

optional: 20 Tropfen ätherische Öle nach Belieben (Lavendel zum Entspannen, Rosengeranie bei Stress, Mandarine zur Stimmungsaufhellung)

TAUSCH-OPTIONEN:

- Maisstärke: andere kosmetische Stärken, wie zum Beispiel Reispulver
- Epsom-Salz: andere Salzsorten, wie zum Beispiel Himalaya-Salz

Zubehör

Küchenwaage

Schüssel oder Messbecher

Behälter zum Befüllen

TIPP

Wenn du Reste von der Herstellung von Badebomben hast, kannst du diese hier auch gut verwenden, vorausgesetzt sie wurden trocken und hygienisch aufbewahrt!

Anleitung

- Alle Rohstoffe bis auf die ätherischen Öle in die Schüssel wiegen und gut miteinander verrühren.
- Kann auch im aufzubewahrenden Gefäß (gut verschlossen) kräftig durchgeschüttelt werden.
- Ätherische Öle dazu träufeln und alles klumpenfrei miteinander vermengen (die Unterseite eines desinfizierten Löffels kann dabei helfen).
- In Behälter abfüllen (zum Beispiel ein ausgedientes Marmeladenglas).

Anwendung

- Für ein Vollbad drei bis vier Esslöffel Pulver direkt zum einlaufenden Badewasser geben. So entsteht auch ein schöner Schaum (aufpassen, dass kein Pulver eingeatmet wird!).

Aufbewahrung

- Gut verschlossen und trocken bei Zimmertemperatur.

PULVER ZUM ANRÜHREN FÜR GESICHTSMASKEN

Two-in-One – Verwöhnung und Pflege in einem!

Einkaufszettel für 50 g

15 g weiße Tonerde

15 g rosa Tonerde

18 g Kokosmilchpulver

2 g Rosenblütenblätter, gemahlen

TAUSCH-OPTIONEN:
Rosenblütenblätter, gemahlen: ein anderes sehr fein gemahlenes Pflanzenpulver

Zubehör

Küchenwaage

Schüssel oder Messbecher

Behälter zum Befüllen

Anleitung

- Alle Rohstoffe in die Schüssel wiegen und gut miteinander verrühren.
- Kann auch im aufzubewahrenden Gefäß (gut verschlossen) kräftig durchgeschüttelt werden.
- In Behälter abfüllen (zum Beispiel ein ausgedientes Marmeladenglas).

TIPP
Die Menge reicht für zwei kleinere Gläschen – dann hast du noch ein schönes Geschenk für einen lieben Freund oder eine Freundin!

Anwendung

- Ein- bis zweimal wöchentlich als Gesichtsmaske nach der Reinigung: Ein bis zwei Teelöffel Pulver mit wenig Wasser zu einem geschmeidigen Brei anrühren und großzügig aufs Gesicht (Augen und Mundpartie aussparen), Hals und Dekolleté auftragen. Nach etwa 10 Minuten (nicht antrocknen lassen) mit einem feuchten Waschlappen abnehmen und hinterher ein Pflegeprodukt auftragen.

Aufbewahrung

- Gut verschlossen und trocken bei Zimmertemperatur.

DUFTENDER KÖRPERPUDER

Mit deinem Lieblingsduft beschwingt durch den Tag!

Einkaufszettel für 50 g

- 32 g Maisstärke
- 15 g weiße Tonerde
- 3 g Magnesiumstearat
- 60 Tropfen Ätherische-Öle-Mischung (siehe Tipp Seite 104)

TAUSCH-OPTIONEN:
Maisstärke: Reispuder

Zubehör

- Küchenwaage
- Schüssel oder Messbecher
- Behälter zum Befüllen

TIPP
Das Magnesiumstearat gibt dem Puder eine bessere Haftung auf der Haut – also bitte nicht weglassen.

Anleitung

- Alle Rohstoffe bis auf die ätherischen Öle in die Schüssel wiegen und gut miteinander verrühren.
- Kann auch im aufzubewahrenden Gefäß (gut verschlossen) kräftig durchgeschüttelt werden.
- Ätherische Öle sehr langsam dazu träufeln, immer wieder umrühren und alles klumpenfrei miteinander vermengen (die Unterseite eines desinfizierten Löffels kann dabei helfen).
- In Behälter abfüllen (zum Beispiel ein ausgedientes Marmeladenglas).

Anwendung

- Morgens und/oder abends nach dem Duschen großzügig auftragen. Sehr angenehm ist die Anwendung mit einer Puderquaste.

Aufbewahrung

- Gut verschlossen und trocken bei Zimmertemperatur.

BADETEE

Für Kräuterhexen und Zauberer!

Einkaufszettel für 200 g

- 100 g Epsom-Salz
- 50 g Himalaya-Salz (rosa)
- 30 g Kokosmilchpulver
- 20 g getrocknete Blüten oder Kräuter nach Wahl, zum Beispiel Lavendel, Kamille und/oder grüner Tee
- Empfehlung: befüllbare, leere Teebeutel

TAUSCH-OPTIONEN:
Himalaya-Salz: schwarzes (Lava) Salz oder Totes Meer Salz

Zubehör

- Küchenwaage
- Schüssel oder Messbecher
- Behälter zum Befüllen

Anleitung

- Alle Rohstoffe in die Schüssel wiegen und gut miteinander verrühren.
- In Behälter abfüllen (zum Beispiel ein ausgedientes Marmeladenglas) oder wiederverwendbare Teebeutel damit befüllen.

TIPP

- Um das Reinigen der Badewanne zu erleichtern, empfehlen sich kompostierbare oder wiederverwendbare Teebeutel. Unbedingt fest verschließen, damit keine Rückstände ins Badwasser gelangen und um die Wanne sauber zu halten.
- Wenn du ausrangierte Feinstrumpfhosen besitzt, kannst du diese (am besten doppellagig) zu Beuteln umfunktionieren und mit einer Kordel fest verknoten.

Anwendung

- Als Badezusatz einen Beutel (oder 50 g) Badesalztee in ein Vollbad geben. Während des Badens den Beutel vorsichtig ausdrücken, damit die Bestandteile der Kräuter ins Badewasser gelangen. Kompostierbare Beutel (nicht die Strumpfhose) mit eventuellen Rückständen können dann auf dem Kompost landen bzw. wiederverwendbare (ohne Rückstände) in den nächsten Waschgang.

Aufbewahrung

- Gut verschlossen und trocken bei Zimmertemperatur.

EIN BEUTEL ENTHÄLT HIER UNGEFÄHR 50 G BADE-SALZTEE, GENAU DIE MENGE FÜR EIN VOLLBAD. WENN DU KLEINERE BEUTEL HAST, EINFACH MEHRERE DAVON IN DIE WANNE GEBEN.

DUSCHKAFFEE

Die Badebombe zum Duschen, prickelnd-erfrischend – nicht nur für Morgenmuffel!

Einkaufszettel für 100 g

38 g Natron

18 g Maisstärke

30 g Zitronensäurepulver

8 g Sodium Cocoyl Isethionate

6 g Instantkaffee (wasserlöslich)

optional: 10 Tropfen ätherische Öle; Kaffee lässt sich sehr gut mit Mandarine kombinieren

TAUSCH-OPTIONEN:
Maisstärke: Reispuder

Zubehör

Küchenwaage

Schüssel oder Messbecher

kleine Badebombenform oder andere kleine Förmchen (keine flexiblen Formen)

70%iger Alkohol zum Besprühen (ich empfehle hier Weingeist)

Behälter oder Tüte zum Aufbewahren

Anleitung

- Alle Zutaten bis auf die ätherischen Öle in die Schüssel wiegen und gut miteinander verrühren.
- Die ätherischen Öle beim Verkneten dazu träufeln und die Masse immer wieder mit Alkohol besprühen (aufpassen – es kann stauben), sodass die Konsistenz wie leicht feuchter Sand ist (keine Angst – der Alkohol verfliegt beim Trocknen) und beim Pressen etwas zusammenhält.
- Sehr kompakt in ein (steifes) Förmchen füllen und für eine Minute gut andrücken.
- Wenn du eine kleine Badebombenform verwendest, immer nur die eine Hälfte befüllen – wir machen hier also Halbkugeln.
- Vorsichtig herauslösen und für mindestens 24 Stunden trocknen lassen.
- Behutsam in Behälter legen (zum Beispiel ein ausgedientes Marmeladenglas) oder in Zellophantüten verpacken.

TIPP
Wenn du partout keinen Kaffeeduft magst, kannst du die Menge (6 g) auch der Maisstärke zuschlagen.

Anwendung

- Morgens beim Duschen als Frischekick eine Bombe in der Hand ein wenig mit Wasser benetzen und schäumen lassen. Schaum dann über den Körper verteilen (wie beim Einseifen) und hinterher gut abspülen.

Aufbewahrung

- Gut verschlossen und trocken bei Zimmertemperatur in einer Tüte oder Glas mit Deckel. Zum baldigen Verbrauch bestimmt.

SHOWER STEAMERS,
DUSCHKAFFEE UND CO. LASSEN
SICH AM BESTEN AN EINEM TROCKE-
NEN TAG HERSTELLEN. SO VERMEIDEST
DU DIE UNGEWOLLTE AKTIVIERUNG
DURCH HOHE LUFTFEUCHTIGKEIT.

#MACHSNACHHALTIG-INFOS

Hat dich jetzt auch das Rührfieber gepackt? Vielleicht möchtest du die hier vorgeschlagenen Rezepte abwandeln oder sogar deine eigenen Ideen zur nachhaltigen Naturkosmetik verwirklichen? Dann findest du auf den kommenden Seiten noch weitere Informationen und Hinweise zum Thema. Es lohnt sich auf jeden Fall - mit etwas Vorwissen, den nötigen Ressourcen und einer kleinen Ausstattung kannst auch du das beste Hobby der Welt genießen!

Register

Über die Autorin

Judith Brockmann, studierte Lehrerin und Autodidakt, beschäftigt sich schon seit über 15 Jahren mit dem Thema Naturkosmetik selber machen. Nach der Leitung einer kleinen Naturkosmetikmanufaktur in Queensland, Australien, und jahrelangem Heimunterricht, hat sie beschlossen, ihr gesammeltes Wissen und ihre Erfahrungen zum Thema feste Naturkosmetik aufzuschreiben und anderen zugänglich zu machen. Sie lebt mit ihrer Familie in Queensland und versucht, so weit wie möglich (Solaranlage, Regenwassertanks, Aufbereitungsanlage) nachhaltig zu leben und den ökologischen Fußabdruck so gering wie möglich zu halten.

Mein Dank

In erster Linie herzlichen Dank an Heike Käser, die als Pionierin vielen Menschen das Selbermachen von Hautpflege erst ermöglichte.

Dank auch an Jenny Corless von Surfactgreen, die meine Arbeit mit einem großzügigen Muster unterstützte.

Meiner Familie ist zu danken, die (mehr oder weniger) freiwillig und geduldig über die Jahre hinweg meine Formulierungen testen mussten und wertvolles Feedback gaben.

Gewidmet ist das Buch meiner Mutter, die mit ihrer Liebe zur Natur und ihrer schlichten Art meinen Grundstein zum nachhaltigen Leben legte.

Bezugsquellen

Deutschland

Alexmo Cosmetics
www.alexmo-cosmetics.de

Aliacura
www.aliacura.com

Armonia Deutschland (Reiskleiewachs)
www.armonia-shop.de

behawe
www.behawe.com

Camassia ECO (Deutschland, Spanien, Österreich)
www.camassia-naturkosmetik.de

Dragonspice Naturwaren
www.dragonspice.de

Manske GmbH
www.manske-shop.com

Ölmühle Solling
www.oelmuehle-solling.de

Salandia
www.salandia.de

SkinChakra
www.shop.skinchakra.eu/

Spinnrad GmbH
www.shop.spinnrad.de

Wadi (Ätherische Öle)
www.etherischeoele.de

Österreich

Innometics
www.**innometics.at**

Nakobe e.U.
www.**naturkosmetik-bedarf.at**

Naturkosmetik-Werkstatt OG
www.naturkosmetik-werkstatt.de

Stübener Kräutergarten
www.hinterauer.info/shop/

Schweiz

Armonia GmbH
www.armonia-shop.ch

Frankreich

Aroma-Zone
www.aroma-zone.com

Im Netz

www.aromapraxis.de
Das Web-Magazin über Aromatherapie, alles über ätherische Öle und deren Anwendung

www.dermaviduals.de
Hautschutz – Hautpflege – Dermatika, Informationen und Publikationen von Anti-Aging bis zur Hautanalyse, Inhaltsstoffen, Problemhaut etc.

www.gd-online.de
Leitlinien und Informationen zur Hautpflege, Ratgeber zu speziellen Hautproblemen, Leitlinien und Stellungnahmen

www.olionatura.de
Naturkosmetik selber machen, Basiswissen, Kosmetikrezepturen, Rohstofflexikon und Podcasts

www.realizebeauty.wordpress.com
Blog (auf Englisch) von einer kosmetischen Chemikerin, die auch einige Mythen rund ums Thema Kosmetik und Wissenschaft entlarvt

www.tobiaskahrmann.de
Blog mit Rezepten, Informationen und Tipps rund ums Thema Naturkosmetik, Heilpflanzen, Aromatherapie und Wildkräuter

Zum Weiterlesen

Bellersen Quirini, Cosima: **Naturkosmetik einfach selbst gemacht**, Verlag Eugen Ulmer 2016

Doleschalek, Petra: **Kosmetik selbst gemacht**, Anaconda Verlag 2008

Göppert, Melanie: **Zero Waste Kosmetik**, Verlag Eugen Ulmer 2020

Käser, Heike: **Naturkosmetik selber machen**, Freya Verlag 2016

Käser, Heike: **Naturkosmetische Rohstoffe**, Freya Verlag 2011

Lawless, Julia: **The Encyclopedia of Essential Oils**, HarperCollins Publishers 2002

Tietjen, Falco & Anne: **Kreativ mit Bienenwachs**, Verlag Eugen Ulmer 2021

Zimmermann, Eliane: **Aromatherapie**, Irisiana 2016

Bildnachweis

Alle Fotos, auch das Titelfoto und die Fotos auf den Klappen, stammen von der Autorin.
Das Geschenk-Icon stammt von **eViola/Shutterstock.com**, die restlichen Icons von **Marie Nimrichterova/ Shutterstock.com**.

Impressum

Die in diesem Buch enthaltenen Empfehlungen und Angaben sind von der Autorin mit größter Sorgfalt zusammengestellt und geprüft worden. Eine Garantie für die Richtigkeit der Angaben kann aber nicht gegeben werden. Autorin und Verlag übernehmen keine Haftung für Schäden und Unfälle. Bitte setzen Sie bei der Anwendung der in diesem Buch enthaltenen Empfehlungen Ihr persönliches Urteilsvermögen ein.
Der Verlag Eugen Ulmer ist nicht verantwortlich für die Inhalte der im Buch genannten Websites.

Anmerkung zur Schreibweise (Gendering): Gendergerechtigkeit und Inklusion sind bei uns gelebte Praxis – bei der Auswahl unserer Themen, bei der Recherchearbeit, in der Gestaltung. Unsere Texte meinen alle. Damit unsere Inhalte jedoch gut lesbar bleiben, verzichten wir in diesem Werk auf die jeweilige Mehrfachnennung oder Anpassung der Schreibweise bestimmter Bezeichnungen an die weibliche, männliche oder diverse Form.

Bibliografische Information der Deutschen Nationalbibliothek
Die Deutsche Nationalbibliothek verzeichnet diese Publikation in der Deutschen Nationalbibliografie; detaillierte bibliografische Daten sind im Internet über http://dnb.d-nb.de abrufbar.

Wollgrasweg 41, 70599 Stuttgart (Hohenheim)
E-Mail: info@ulmer.de
Internet: www.ulmer.de
Konzeption: Lisa Seibel
Projektleitung: Jennifer Zajonz
Lektorat: Alessandra Kreibaum
Herstellung: Katharina Merz
Reihen- und Umschlaggestaltung: Michaela Mayländer, Stuttgart, www.sistermic.de
Satz: Marion Schreiber, www.marionschreiber.de
Reproduktion: time:ray, Jettingen
Druck und Bindung: Pustet, Regensburg
Printed in Germany

MIX
Papier | Fördert gute Waldnutzung
FSC® C014889

ISBN 978-3-8186-1658-8